网店视觉营销

配色方案+图片优化
页面设计+视频制作
一册通

王 颖◎编著

中国铁道出版社
CHINA RAILWAY PUBLISHING HOUSE

内 容 简 介

在生活中，我们会发现，视觉感知会影响人们对物品的选择。而在网络上，这种影响力会进一步扩大，因此店铺页面的视觉呈现尤为重要。那么，什么样的视觉呈现才能打动买家呢？本书将带领大家一起打开网店视觉营销的神秘之门。

本书主要内容包括视觉营销中的配色和文字设计、图片优化、视频制作、页面设计、店铺首页和详情页优化技巧等。由此可见，本书适合于新手卖家、公司性质网店、网店店长、淘宝美工、电商营销人员、淘宝装修工作人员以及想在电商领域工作的人员阅读和学习。

图书在版编目（CIP）数据

网店视觉营销:配色方案+图片优化+页面设计+视频制作一册通/王颖编著.—北京：中国铁道出版社，2018.8

ISBN 978-7-113-24539-9

Ⅰ.①网… Ⅱ.①王… Ⅲ.①网店—商业经营 Ⅳ.①F713.365.2

中国版本图书馆CIP数据核字（2018）第110153号

书　　名：**网店视觉营销：配色方案+图片优化+页面设计+视频制作一册通**

作　　者：王颖　编著

责任编辑：张亚慧　　**读者热线电话**：010-63560056

责任印制：赵星辰　　**封面设计**：MXK DESIGN STUDIO

出版发行：中国铁道出版社（100054，北京市西城区右安门西街8号）

印　　刷：中国铁道出版社印刷厂

版　　次：2018年8月第1版　　2018年8月第1次印刷

开　　本：700mm×1 000mm　1/16　**印张**：17.75　**字数**：222千

书　　号：ISBN 978-7-113-24539-9

定　　价：69.00元

PREFACE

前言

在实体店购物，我们会用看、尝、听、闻、摸去感知产品的品质。而在网上购物，由于摸不到、尝不到也闻不到，因此“看”就成为重中之重。而这里的“看”，看的并不是实物，而是图片或视频。那么如何让买家通过“看”就能产生购买的欲望呢？这需要我们使用一个“武器”——视觉营销。

来看看下面的两张海报，你认为哪张海报更具有吸引力呢？相信大多数人都会选择第二张图，因为第二张图更能体现清爽，给人以清凉的感觉，更符合“夏日饮品”的主题。

这个例子很好地向我们诠释了视觉营销的重要性和魅力，也告诉我们什么是视觉营销。视觉营销就是利用色彩、图像和文字等来表达信息，通过制造冲击力来吸引买家，由此实现将潜在买家变为忠实买家的目的。

PREFACE

前言

- 页面跳转率很高。
- 买家看了一眼就走了。
- 推广广告没有效果，白白浪费了很多资金。

以上问题是不少网店卖家正在面临的难题，为了有效解决这些难题，我们编写了本书。

- 作为新手，如果您不了解如何让买家在最短的时间内记住网店，不用担心，本书的第1~2章将带领你做好网店视觉营销的准备，从配色和文字上打造让人印象深刻的网店。
- 本书的第3~4章主要介绍了Photoshop图片处理和网店视频制作。Photoshop是网店视觉营销不可缺少的工具，产品修图、店招制作、宝贝详情页设计等都离不开它，而视频作为营销的重要工具，如何制作也是我们必须要掌握的。
- 店铺首页、详情页和推广广告是网店提升转化率的重要入口，本书的第5~7章就是从这三个入口出发，介绍了五星网店的视觉营销秘诀。
- 第8~10章可以说是视觉营销的提升部分，该部分介绍了丰富的网店案例，同时对能带来大量成交量和流量的移动端网店进行详解。为帮助卖家提升视觉营销的综合技能，本书的第10章介绍了视觉营销的进阶技能。

本书特别适合于新手卖家、公司性质网店、网店店长、淘宝美工、电商营销人员、淘宝装修工作人员以及想要在电商领域工作的人员阅读和学习。

最后，希望所有读者都能从本书中获益，打造出富有吸引力的网店，实现营销制胜的效果。由于编者能力有限，对于本书内容不完善之处希望获得读者的指正。

编　者

2018年5月

Contents

目录

第1章　视觉营销：所有营销的开始

在电子商务时代，视觉营销可以说是所有营销的开始。买家会点击哪个商品，会进入哪个店铺，取决于商品图片、广告海报是否能吸引他/她的眼球。因此，要想让网店转化率惊人，就要做好视觉营销。

第2章 配色和文字：网店设计的开端

色彩和文字是网店视觉营销不可缺少的一部分，不同的色彩会给我们带来不同的心理反应，文字则直接告诉我们这是什么。在网店视觉营销中，如何巧妙配色、巧用文字将对我们的营销产生很大的影响。

第3章 Photoshop：图片优化利器

网店的视觉营销离不开一个重要的工具——Photoshop，当我们拍摄的商品图片因为相机、光线等原因导致主图效果不佳时，就要利用Photoshop进行图片处理。

第4章 视频制作：多感官体验产品

在网店中放上产品主图视频，将使宝贝的展示更为直观，更有吸引力。对于没有接触过视频制作的卖家来说，可能会觉得产品视频的制作十分困难，但实际上只要学会使用相关的视频制作软件，视频的制作也没有我们想象的那么难。

第5章 店铺首页：网店的精神集中地

网店首页是卖家向买家展示店铺整体品牌形象的集中地，也是店铺流量的中转站，一个美观又有吸引力的首页会让买家在网店停留更长的时间，最终促成买家下单。因此在网店的视觉营销中，首页的营销是重中之重。

第6章　店铺详情页：提高网店转化率的入口

店铺详情页是买家了解产品性能、属性、材质以及其他特质的页面。详情页是否有吸引力和说服力，直接关系到买家是否会下单，要想网店有销量，详情页的设计和优化必不可少。

第7章 付费推广：五星网店的视觉营销秘诀

在网店之间竞争日益激烈的今天，网店想要持续不断地获得买家，就需要进行推广。推广是挖掘潜在客户，增加产品曝光率的手段。淘宝网为买家提供了不同的推广工具，在使用这些推广工具时，也要善用视觉营销，这样才能助力网店引爆流量。

第8章 网店案例：不同类型网店视觉营销全体验

视觉营销是用于辅助网店销售的，网店的定位不同，视觉营销的表现形式和方向也会不同，下面我们将以案例的形式来看看优秀网站的视觉营销方案，从实战中学习。

第9章　网店手机端：你的另一个店铺

手机端因为可以利用零碎的时间购物，因此下单的转化率较高。随着网店发展越来越多，要想让自己的手机网店能脱颖而出，就要打造好手机网店的眼球效应。

第10章　高手过招：视觉营销的提升与进阶

在电商行业，视觉营销集用户体验、交互设计以及信息构架于一身，它贯穿于网店经营的整个过程中。在这一过程中，我们需要不断提升自身的视觉营销综合技能，这样才能牢牢抓住买家心弦，不断提高网店转化率。

视觉营销：所有营销的开始

在电子商务时代，视觉营销可以说是所有营销的开始。买家会点击哪个商品，会进入哪个店铺，取决于商品图片、广告海报是否能吸引他 / 她的眼球。因此，要想让网店转化率惊人，就要做好视觉营销。

1.1 认识让转化率惊人的视觉营销

视觉营销看上去是一个与生活不太相关的概念，其实不然，我们每天接触到的销售陈列，大到百货商场，小到门口的小卖部，都与视觉营销息息相关。然而随着网络营销对人们消费习惯的改变，视觉营销也由传统的实体销售向抽象化的电子商务发展，并且如今的电子商务比起实体销售来说，更加注重视觉营销。

视觉营销作为最直观的营销手段在电子商务的发展中越来越重要，人们在快节奏的浏览中，如何被卖家的产品所吸引就是视觉营销的关键所在。因此，认识让转化率惊人的视觉营销势在必行。

1.1.1 视觉营销，一种可视化的视觉体验

视觉营销（Visual merchandising）是营销手段的一种，同时也是一种可视化的视觉体验。视觉营销是指通过视觉传达来推广品牌或者营销产品。早在 20 世纪 70 ～ 80 年代的美国，视觉营销的雏形就以视觉广告的形式来推销产品，后来逐步发展成今天的视觉营销这一概念，由此可见，视觉营销已经不是街头广告这么简单了。

人们常说“眼见为实”，可见视觉在人的感官中占主导地位。闪电总是比雷声先出现，说明视觉也是人类感知世界的先锋。因此，做好视觉营销主要的作用就是为自己的店铺打好基础，使店铺拥有一块优秀的“敲门砖”。

视觉营销对于网店来说，是提升流量的关键。在抽象化的网店中，视觉营销是吸引消费者的主要手段，并且视觉体验的好坏跟消费者的购买欲直接挂钩，所以网店的装修布局以及产品的图文详情都影响着网店的销量。如图 1–1 所示为“耐克官方旗舰店”产品图片。

图 1–1

从图 1–1 可以看出，耐克展示的产品图片给人简约大方的视觉体验，纯色的背景，着重突出鞋子的款式，颜色分类十分明确，产品细节一目了然，销量自然很高。

现在各大电商平台、网店比比皆是，售卖的商品更是应有尽有，消费者选择的余地也更大了，这给店家带来的压力也大了很多，想要在众多网店之中脱颖而出，这就要靠优于他人的装修和产品图片来吸引消费者，延长消费者在店内的停留时间，从而促进消费，甚至让消费者成为“回头客”。

总而言之，视觉营销就是让消费者浏览和认识的过程变成向消费者自我营销的过程，消费者能看到的东西都属于视觉营销的范畴，给消费者一个良好的视觉体验，接下来的消费几乎就水到渠成了。

1.1.2 网店玩视觉营销的 3 大原则

随着电商不断的发展，网店不再是单调乏味地陈列出产品了，店主们纷纷“玩”起了视觉营销。不过，在“玩”视觉营销的过程中，很多店家都忽视了视觉营销的原则，导致网店的流量反而减少了。下面就来讲解视觉营销的 3 大原则。

（1）目的性

网店与实体店不同，网店营销的方式非常少，视觉营销作为最主要的营销方式，同时也是最重要的营销方式。那么，我们进行视觉营销的目的究竟是什么呢？当然是吸引消费者，使其产生购买欲望，从而促成交易。因此，在消费者的视觉体验上就需要下很大的功夫。例如，产品图片的选择和摆放。如图 1-2 所示为家居用品店铺“好物 have”产品图片。

图 1-2

从“好物 have”展示的产品图片来看，产品摆放十分用心，产品主题放在视觉中心，以同色系的道具搭配，背景以白色为主，衬托产品的素雅，整体画面干净清爽，很容易获得消费者的青睐。

（2）审美性

就如今电商的发展形势来看，销量高的店铺比比皆是，装修都各具特色，在竞争对手如此强大的情况下，我们更应该在网店的视觉体验上花更多心思。并且，在网店的维护过程中也要保证消费者的视觉体验，网店装修并不是一劳永逸的事，比起实体店，网店的更新更应该及时，避免消费者审美疲劳，造成客户流失的现象，如果更新频率高，消费者随时都有新的视觉体验，对提高购买率很有帮助，可以形成购买的良性循环。如图 1–3 所示为某装修精美的店铺首页。

图 1–3

从图 1–3 可以看出，美式田园风格的产品在搭配文字图形上也向该风格靠拢，连活动优惠券这样的小细节也配合了产品的配色，整体画面非常协调，给人舒适亲切的视觉体验。

（3）实用性

在注重美观的同时，实用性也不容忽视，比如一味执着于简约，结果造成板块的缺失或者不便于消费者操作，那就得不偿失了。因此我们最好在保障美观的同时兼顾实用性，以便消费者操作。如图 1-4 所示为某运动品牌首页分类。

图 1-4

从图 1-4 可以看出，该店铺把握了实用性的中心，便于消费者操作，在首页以图片的方式展示了商品属性和消费者属性两种分类方式，消费者在选购时也会更加快捷高效，对提高购买率非常有帮助。

网店视觉营销的 3 大原则主要就是围绕着如何更好地吸引消费者和服务消费者。消费者迫切需要的，应着重安排在显眼的地方，消费者不需要的内容就应该删减。按照网店视觉营销的 3 大原则再系统化地进行布局和整理，视觉营销也就并不复杂了。

1.1.3 视觉营销的 4 个关键点

视觉营销的首要目的是缩减传播内容的传播成本，那么视觉营销是如何一步一步地达成引导消费的目的呢？现在我们就从视觉营销的 4 个关键点来详解这个问题。

（1）“视”

网络改变了我们的生活，电商的竞争也因此更加激烈，如何在各大电商平台中脱颖而出，吸引消费者的眼球，让消费者愿意花时间在你的产品上就是“视”的意义。

人的视觉容易被突出的事物吸引，例如“万绿丛中一点红”，又如“鹤立鸡群”。在千篇一律的同类品牌中，你的品牌要让消费者在短时间内产生兴趣，就需要在视觉上给消费者与众不同的体验，并且一目了然地传达出品牌的主旨。如图 1-5 所示为某化妆品店铺轮播图。

图 1-5

（2）“觉”

认识品牌的下一步就是记住品牌，记住品牌最简单的方式就是重复。我们在单曲循环一首歌曲时，不需要刻意背诵歌词也能记住这首歌了；因为每天乘坐地铁，所以无意之间也就记住了地铁的线路；我们经常去的便利店，即使模糊处理了他的店招，光靠配色或者形状我们也能识别出来。这就是重复的力量，也是视觉营销常用的技巧。

（3）“营”

记住品牌之后需要继续为消费者营造出一个良好的品牌整体形象，这样才能使消费者对品牌产生好感，甚至是依赖感。按照消费习惯来看，购买率高的都是视觉上整体化的品牌，并且正因为电商平台的抽象化特性，使得消费者认为整体形象较好的品牌更有保障。这是品牌长期发展下去的关键。

（4）“销”

在筛选了众多优秀品牌之后，消费者还是会回到直观感受上来，例如食物、饮品等快消品在电商竞争中，最主要的就是产品图片带给消费者的感受，在其他感官感受不到的情况下，视觉就会充当味觉和嗅觉来体验产品。所以，视觉营销的中心还是要从视觉出发，传达出产品和品牌的优越之处。如图 1–6 所示为两家食品店铺产品图片对比。

图 1–6

从图 1–6 可见，左边的产品相较于右边更有食欲，产品的摆放以及颜色搭配都很用心，右边的产品图片看起来比较简陋，活动信息直接打在图片上，产品占画面的比例太大，过于饱和，给人压抑感。

简而言之，视觉营销的关键点就是消费者的感觉转化过程，从吸引消费者认识，到让消费者信赖和选择，每个步骤都是必不可少的，围绕消费者的心理细化整个转化过程，就是在进行视觉营销。

1.1.4 3 个数据指标决定视觉营销成败

网店和实体店不同，实体店有销售人员直接与消费者互动，能及时反馈消费者的需求，灵活处理。因此，网店视觉营销的成败不仅是要看成交量，还要分析网店流量、客单价以及转化率这 3 项指标，从数据分析来审视网店视觉营销更为准确。

◆ 网店流量

网店流量是指网店的访问量，简而言之就是光顾网店的人数，网店流量决定着网店的排名，排名靠前的店铺销售量会更大。然而引导网店自然流量的主要因素就是视觉营销，视觉营销的好坏决定了网店自然流量的多少，进而影响网店的排名。

◆ 客单价

网店的客单价是指进入网店的每一个顾客平均购买商品的金额，客单价也就是平均交易金额。客单价的计算公式是：客单价 = 销售总额 ÷ 顾客总数。除了引导自然流量，提高客单价也很重要，这就需要在店铺装修布局上给顾客更好的视觉体验，成功地进行视觉营销，不浪费任何流量。

◆ 转化率

网店的转化率，就是所有到达店铺并产生购买行为的人数和所有到达店铺的人数的比率。转化率的计算公式是：转化率 =（产生购买行为的客户人数 / 所有到达店铺的访客人数）× 100%。提高转化率是网店推广的核心，而视觉营销又是影响转化率的重要因素。

转化率不是固定在一个步骤产生的，消费者的每一个动向都涉及转化率，消费者通过点击付费广告进入店铺是转化过程，进入店铺的消费者是否产生交易也是转化过程。因此，做好店铺整体的视觉营销对于提升网店的转化率很有帮助。

1.1.5 网店视觉设计有哪些法则

正所谓一千个人眼中就有一千个哈姆雷特，那么，我们要怎样进行视觉设计才能迎合更多消费者的审美呢？答案就是按照网店设计的 5 大法则来进行视觉营销。

（1）形状构图

形状构图是指利用形状来设计店铺页面，清晰明确地将板块区分开来，再通过板块引导消费者视线，为消费者提供选择，达到延长消费者在店铺内浏览的时间的目的，以促进消费。如图 1–7 所示为使用形状构图进行装修的茶叶店铺。

图 1–7

（2）色彩搭配

合理的色彩搭配能提升消费者对店铺的好感，色调有冷暖之分，选择正确的颜色可以衬托出产品的特有属性，为消费者的选购提供舒适的视觉体验，如图 1–8 所示为某家纺店铺首页的产品图片。

图 1-8

从图 1-8 可以看出，这是针对儿童的一套床上用品，因此，在配色上选用了清爽的薄荷绿和活泼的柠檬黄的矢量元素，既符合床上用品舒适干净的印象，又与儿童活泼的个性相呼应，是不错的色彩搭配。

（3）质感

这里讲的质感分为色彩质感和空间质感。色彩质感指的是画面在视觉上给人的感觉，也就是色彩层次的比例。判断色彩层次比例的方法很简单，将画面去色后，画面中黑色比重大，即画面效果沉重，反之，白色比重大，画面就很柔和。如图 1-9 所示为两张店铺轮播图对比。

图 1-9

空间质感同样是指空间的层次感，打造有层次感的画面需要虚实远近结合，丰富画面内容，使其变得立体。如图 1-10 所示为某保健品轮播图。

图 1-10

从图 1-10 可见，店家将产品放置在一片纯净自然的草原之中，远处有隐约可见的山水衬托，画面中心是颜色鲜艳的产品，层次感非常鲜明，给消费者良好的视觉体验。

（4）背景

在网店的视觉设计中，背景的使用也是加分项之一，选用合适的背景能省很多事，在板块与板块之间留白，加上纹理背景，会显得整体画面和谐而不单调。如图 1-11 所示为方格纹理背景的家居店铺装饰。

图 1-11

（5）环境氛围

网店的环境氛围一定要有一个主题，我们的产品要传达给消费者的感觉就是主题。因此，进行视觉设计时要围绕这个主题统一展开，在统一风格、统一色彩、统一元素等各个因素的共同作用之下才能营造出一个舒适的环境氛围。如图 1-12 所示为“咖啡猫”的店铺首页。

图 1-12

1.2 视觉营销的课前准备

在学习视觉营销之前，我们要先做一些准备，这些准备为我们更方便快捷地进行视觉设计奠定基础。网店的装修需要大量的材料，也需要对网店的结构有清晰地认识，以便正确地使用材料。因此，接下来我们要做的准备就是收集处理和存储素材，以及认识网店的布局。

1.2.1 寻找海量可用素材

网店装修的素材就好比是我们的装修材料，因此收集素材也是很重要的工作。虽然系统会提供一些素材，但这些素材都是很普遍的一般素材，如果想达到更好的视觉营销效果，需要我们去收集和购买更优质的素材。

◆ 千图网

千图网（http://www.58pic.com/）是经常用到的设计及办公创意服务平台，大量电商装修素材可以轻松获取，甚至有其他平面设计素材能够借鉴。如图 1-13 所示为千图网首页。

图 1-13

◆ 我图网

我图网（http://www.ooopic.com/）提供海量装修模板、视频素材、摄影图片以及各种设计元素等素材，内容十分全面。如图 1-14 所示为我图网首页。

图 1-14

◆ 摄图网

摄图网（http://699pic.com/）拥有大量摄影图片，优质高清，可以作为各种背景素材使用，也可作为网店拍摄构图配色方面的学习网站。如图 1-15 所示为摄图网首页。

图 1-15

◆ 昵图网

昵图网（http://www.nipic.com/）提供了大量网店设计素材和摄影素材，还可以进行求助，或者直接购买他人原创设计，省时省力。如图 1-16 所示为昵图网首页。

图 1-16

1.2.2 轻松安全存储素材

由于素材的格式不同，有的素材会占用很大的内存，因此我们需要将收集的素材存储在网盘之中，这样既减轻了电脑的负担，准备更多的素材，又能避免因为电脑的损坏而丢失素材。

（1）QQ 空间存储

对于 QQ 空间，大家应该都不陌生，那么 QQ 空间存储素材到底是存储在哪里呢？其实就是存储在我们常用的相册里。如图 1-17 所示。

图 1-17

（2）百度云储存

百度云存储就是利用百度网盘（https://pan.baidu.com/）进行存储，百度网盘可以存储视频、图片、文档等各种格式的素材，无论是 PC 端还是移动端都能存储并且同步。如图 1-18 所示为百度云个人主页。

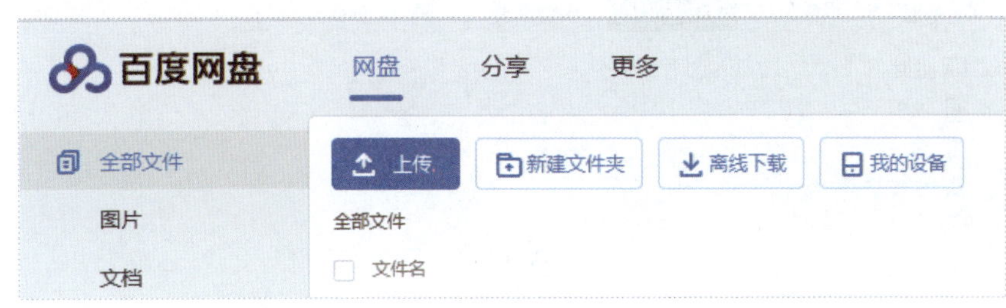

图 1-18

（3）新浪微盘存储

新浪微盘（http://vdisk.weibo.com/）是新浪微博的官方网盘，在微博中分享的素材用微盘存储起来非常方便，同样支持 PC 端和移动端存储并且同步，也没有素材格式的限制。如图 1-19 所示为新浪微盘个人主页。

图 1-19

（4）网易网盘存储

网易网盘（http://wp.163.com/）对于通过网易邮箱分享的素材存

储起来特别快捷，虽然不支持移动端同步存储，但是可以选择第三方平台登录也是其方便之处。如图 1-20 所示为网易网盘个人主页。

图 1-20

1.2.3 规划网店装修风格

在对网店进行装修之前必须先确定网店的装修风格，然而网店的装修风格通常是由所销售的产品类型决定的，因此明确自己的产品定位是必不可少的环节。

首先，分析自己产品的消费群体，一旦确定了主要消费群体的年龄段，那么就很容易确定其喜欢的风格。如图 1-21 和图 1-22 所示为两家消费群体不同的网店装修风格对比。

图 1-21

图 1-22

从图 1-21 和图 1-22 可以看出，第一家店铺是以女大学生为主要消费群体，因此风格清新自然，符合大学生的审美。第二家店铺是以职业女性为主要消费群体，因此风格高雅端庄，更受职业女性青睐。

其次，如果销售的产品自身就有很强的个性，不妨就根据产品的风格来装修店铺，如图 1-23 所示为某文具店装修。

图 1-23

从图 1-23 来看，手账工具都是倾向于可爱风格的商品，因此该店的装修也向可爱风格靠拢，粉色系的背景和手绘元素，很容易引起手账爱好者的共鸣。

最后，从产品的价格来分析店铺应该是怎样的风格，这个方法在价格昂贵的产品店铺中使用普遍。如图 1–24 所示为某饰品店铺装修。

图 1–24

从图 1–24 可见，该店铺配合产品简约大气的风格，同样采用简约的装修风格，利用浅色背景来衬托颜色鲜亮华丽的产品本身，避免喧宾夺主，同时也营造出时尚简洁的画面，有良好的视觉营销效果。

1.2.4 认识网店页面布局

想要进行视觉营销，我们还应该对网店的整体布局有一个了解，要清楚每个板块要发挥什么样的作用，这样才能更深入地设计装修出大众喜爱的网店风格。

- **店招**：店招作为进入店铺首页最顶端的部分，一般展示出店铺的名称、Logo。也可加入收藏图标、活动信息和特推产品等。
- **导航栏**：导航栏紧接在店招下面，长条的矩形导航栏展示出店内产品的分类，便于消费者筛选产品。
- **首页海报**：根据不同的模板，首页海报是接下来的重要部分，因为这部分展示店铺的主打产品、促销产品或活动内容等。

- **产品轮播图**：主要用于展示店铺的促销产品，可以做成促销海报吸引买家。
- **优惠券**：店铺优惠券具有主动营销的作用，将优惠券展示在店铺首页可以让买家一眼看到。
- **产品分类栏**：可以方便买家根据商品类别快速找到自己需要的产品。
- **客服旺旺**：是买家与卖家沟通的渠道。
- **产品主图展示区**：产品主图展示区用于陈列网店的产品。
- **店铺页尾**：用于展示快递物流、售后服务以及帮助中心等内容。
- **店铺背景**：店铺背景对网店风格的确定起着重要作用。

了解了网店首页的布局后，下面来看看宝贝详情页的布局情况。宝贝详情页一般由店铺招牌、宝贝基础页面、宝贝描述、宝贝推荐和左侧栏组成，如图 1–25 所示。

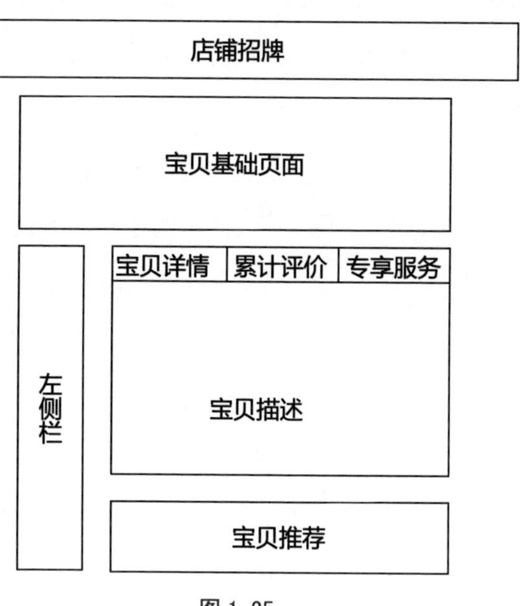

图 1–25

当买家在网店中选择某一分类或搜索某一商品名称后，会进入产品列表页，产品列表页的布局比较简单，主要由店招、左侧边栏和产品列表组成。

1.3 手把手带你体验视觉营销

视觉营销并没有我们想的那么高端，它就在我们身边，并且时时刻刻影响着我们的感官，下面就跟我一起来体验视觉营销吧！

1.3.1 网店美观设计，你了解多少

什么样的网店才能让人赏心悦目，起到营销的作用呢？实际上，只要是符合用户视觉体验的网店都能做到这一点，具体有以下要求。

◆ 排版主次分明，突出重点

要想网店看起来美观，首先要从店铺的整体设计入手。网店的排版一定要主次分明，突出重点，且使用的色彩不宜过多，过多的色彩会引起用户的视觉疲劳。

突出重点要求我们可以让买家一眼找到店招、分类导航和促销广告等，如果各板块让买家感到眼花缭乱，那么买家将会很快离开网店。

◆ 风格统一，诠释产品属性

网店的风格决定了买家对网店的第一印象，网店的风格要能诠释产品的属性。如男装网店的风格多是灰色和黑白色的，这是因为灰色和黑白色能体现男装的稳重和从容。而女装网店的风格则各有不同，

主打欧美风的网店多用强有力的色彩，以体现中性、贵气、优雅，而主打小清新的网店则多用浅色调，常常营造出一种恬静、唯美的氛围。

◆ 要懂得传达

很多网店视觉营销初学者会认为“看起来设计很好的网店就是美的网店”，实际上应该是能传达信息的网店才是美的网店。

要知道买家是否会选购一件商品，取决于他/她是否能找到让自己心动的产品信息，如产品质量、尺寸、颜色和款式等。这些都要通过视觉来呈现，如果我们不能第一时间将这些信息传达给买家，那么即使网店的设计很好，买家的用户体验也会很差，就不会在网店停留太久。

1.3.2 如何拍出高质量的产品图

商品图片是网店视觉营销不可缺少的一部分，如果商品图片本身看起来就比较粗糙，那么怎能让买家有购买的欲望呢？商品图片的拍摄也是有技巧的，掌握一定的技巧可以帮助我们拍出高质量的产品图。

◆ 背景要干净

商品图片要能突出产品本身，因此拍摄的背景不能过于花哨，避免喧宾夺主，要保证买家一眼就能看到商品的整体状况。从图 1–26 展示的花瓶可以看出，被摄物体的背景都很干净。

图 1–26

◆ 防止失真

拍摄商品时要选对角度，做好构图，使图片能真实地反映商品的形状、大小和色彩等。有的商品在拍摄时可以选取参照物入镜，方便买家理解，如图 1-27 所示。

图 1-27

◆ 学会运用光线

在拍摄中运用不同的光线，可以表现出商品的不同质感，如图 1-28 所示为常见的布光方式。

顶面两侧布光

三面布光

不均衡布光

图 1-28

配色和文字：网店设计的开端

色彩和文字是网店视觉营销不可缺少的一部分，不同的色彩会给我们带来不同的心理反应，文字则直接告诉我们这是什么。在网店视觉营销中，如何巧妙配色、巧用文字将对我们的营销产生很大的影响。

2.1 让网店视觉出彩的配色

一个拥有美丽配色的网店总会让买家不自觉地“驻足”，网店的色彩并不是随意搭配的，如何搭配才能给买家一个良好的视觉效果是我们必须考虑的。

2.1.1 了解配色的基本原则

在正式为网店配色前，我们先要了解配色的基本原则，为网店配色打好基本功。

（1）色彩的黄金法则

“6 ∶ 3 ∶ 1”是色彩的黄金法则，是指主色彩占据约 60% 的比例，次要色彩占据约 30% 的比例，辅助色彩占据约 10% 的比例。如图 2-1 所示为淘宝促销海报。

图 2-1

从上图可以看出，灰色是主色彩，其占据了较大部分的比例，而红色和白色是辅助色彩，占比最少，其他色彩为次要色彩。

（2）总体协调，局部对比

网店的配色应遵循总体协调、局部对比的原则。总体协调是指网店的整体色彩效果应该是和谐的，而只有布局、小范围区域才有强烈的对比，如图 2-2 所示为两个不同配色风格的网店。

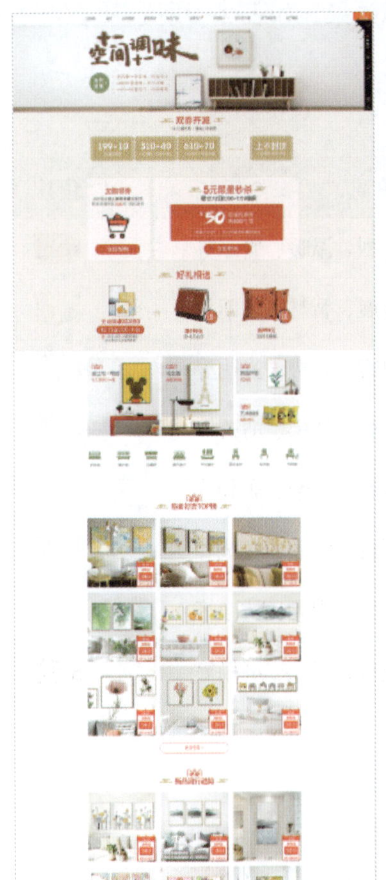

图 2-2

上图中，左图以浅色调为主，为了突出活动氛围，局部使用了抢眼的红色，加强了视觉刺激和引导的作用。右图以黑色调为主，局部使用了黄色、带荧光的粉色和红色，给人以夜晚灯光闪烁的感觉。可以看出，虽然上面两家网店的风格完全不同，但配色的原则都是总体协调、局部对比。

（3）不同色彩的视觉效果

不用色彩带给我们不同的视觉效果，如表 2–1 所示。了解这些能帮助我们更好地选择配色方案。

表 2-1　不同色彩的视觉效果

色彩	关键词	色块
红色	热情、活泼、喜庆、热烈、温暖、警示等	
黄色	明快、愉悦、希望、发展、智慧、明朗等	
橙色	活泼、快乐、兴奋、甜蜜、积极、光明等	
蓝色	理智、安稳、宁静、深邃、忧郁、清透等	
绿色	健康、和平、平静、青春、安全、柔和等	
紫色	优雅、神秘、魅力、高贵、骄傲、权威等	
白色	纯真、朴素、柔弱、虚无、明亮、洁净等	
黑色	恐怖、严肃、崇高、绝望、强壮、沉稳等	

2.1.2 色彩搭配的基本常识

色彩的属性由 3 部分组成，包括色相、明度和饱和度。色相是指色彩的种类，如红、黄、蓝、绿就代表了一种色相，色相是区分色彩的主要依据，如图 2-3 所示为色相环。

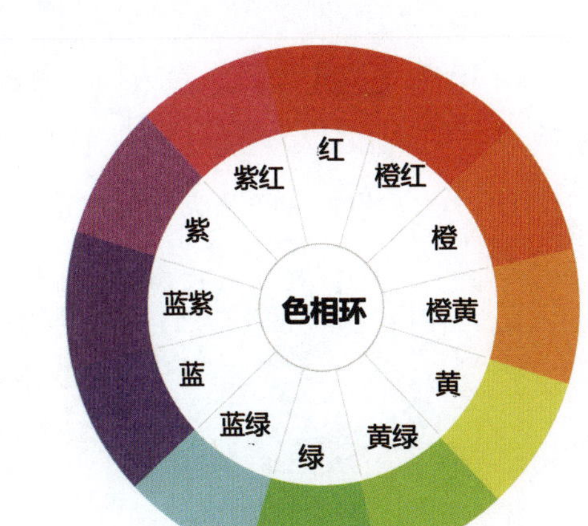

图 2-3

在色相环上，距离的远近决定了色相的强弱对比，色相之间的距离越近，对比就越弱，反之就越强。

明度是指色彩的明暗差别，也可以称为亮度或深浅度。任何一种色相，若不断加入白色，明度就会越来越高。在网店色彩搭配中，不同的明度可以营造出空间感和立体感，创造出视觉焦点，如图 2-4 所示为色彩的明度对比。

图 2-4

饱和度是指色彩的纯净程度，因此也被称为纯度。饱和度能表现出色彩的强弱，饱和度越高，色彩越鲜艳，反之色彩越灰。

2.1.3 营造对比效果的对比配色

在色相环中，相距 120° ～ 180° 之间的两种颜色被称为对比色，若两种颜色刚好相差 180° ，则被称为互补色。对比色可以形成强烈的对比效果，它能传达出活力，如图 2–5 所示为店铺优惠券模块配色方案。

图 2–5

在上图展示的店铺优惠券图片可以看出，蓝色和橙色形成了强烈的对比，这样的配色方式让店铺优惠券变得活力满满，同时又能很好地区分各板块。

在网店视觉营销中，对比色还具有点缀、聚焦的作用。这时我们通常会在较大面积的色彩中运用与之对比较强烈的色彩，如图 2–6 所示为网店主图海报。

图 2–6

从上图可以看出，海报中左边的商品颜色偏灰，而右边的偏粉，两种商品的颜色对比较强烈，在海报字体颜色的选择上，则选择了更鲜艳的紫红色，保证字体能够和背景形成对比，以突出促销广告语。

2.1.4 用单色调营造简洁感

单色调是指色彩之间没有明显的层次，但明暗对比却不同，这种配色方式在网店的视觉营销中运用广泛，而且视觉效果一般都很好，如图 2-7 所示为化妆品海报。

图 2-7

从上图可以看出，在色彩的搭配上该海报主要使用的是“红”色系，相比背景的粉红色，圆形元素和商品本身的明度更低，色彩看起来更鲜艳，这样的搭配使画面看起来既协调又美观。

知识加油站

在使用单色调配色时要注意一点，要避免辨识度低的配色方案，即明度差别不大的配色，因为可能会导致所展示的信息元素难以辨认，使得画面看起来没有重点。

2.1.5 让色彩调和的配色方案

在网店色彩搭配中，使用类比色可以让画面看起来具有调和的美感。类比色即指邻近色，是色轮中彼此靠近的颜色。类比色配色的特点在于色彩相对比较丰富，不同色彩之间的对比不强烈，因此画面看起来很协调，如图 2-8 所示为女鞋海报。

图 2-8

观察色轮可以发现，紫色和紫红、橙色和黄色是彼此相邻的颜色，而上图海报中使用的颜色正是这几种，使画面看起来色彩很丰富。可以看出，该海报的主题是“流行女鞋”，其使用的主要色彩是紫色，我们知道紫色给人以优雅、高贵的感觉，因此海报的主色调也符合女性的气质。

2.2 全面掌握网店配色技巧

对配色的基本常识有了一定的了解后，下面来看一看网店视觉营销的一些配色技巧，这些配色技巧将帮助我们实现色彩搭配的进阶。

2.2.1 寻找最合适的配色方案

目前，网上有许多能够提供配色方案的网站，当我们对配色把握不准确时，可以利用这些配色工具来寻找合适的配色方案，以更好地为网店配色。

（1）配色网

配色网（http://www.peise.net/）是交流色彩的专业网站，致力于设计、网页、家居、时尚、服饰等方面色彩理论的学习和提高，并提供大量优秀配色方案，如图 2-9 所示为配色网提供的配色方案。

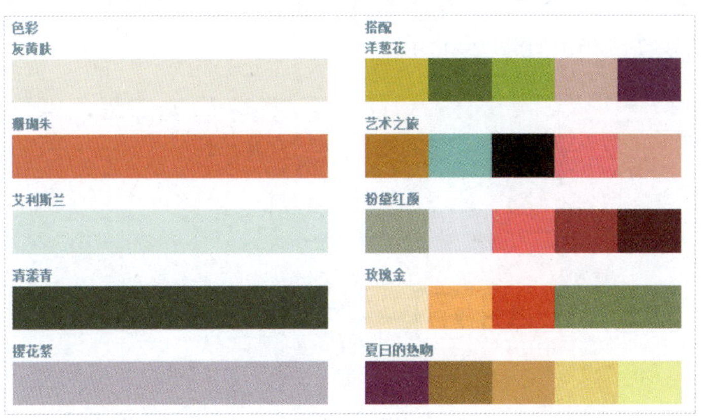

图 2-9

（2）FlatUIColors

FlatUIColors（http://flatuicolors.com/）网站提供了很多扁平化设计中很受欢迎的色彩，这可以为我们配色提供参考，如图 2-10 所示为网站首页。

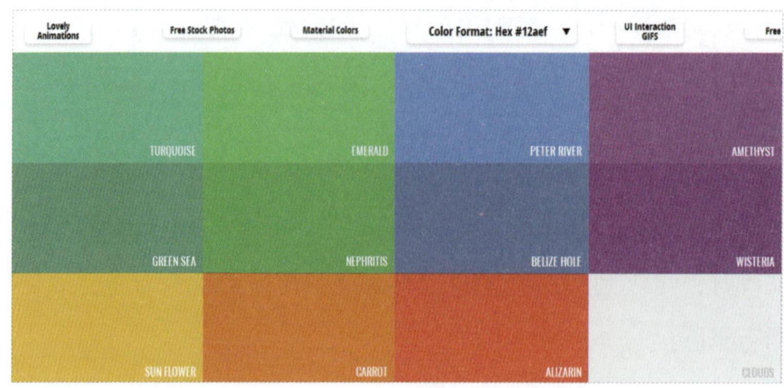

图 2-10

（3）中国色

中国色（http://zhongguose.com/）提供中国传统颜色，包括艳红、猩红、绛紫和银朱等，在网站首页单击不同颜色名称的超链接，页面会自动变换颜色，如图 2-11 所示。

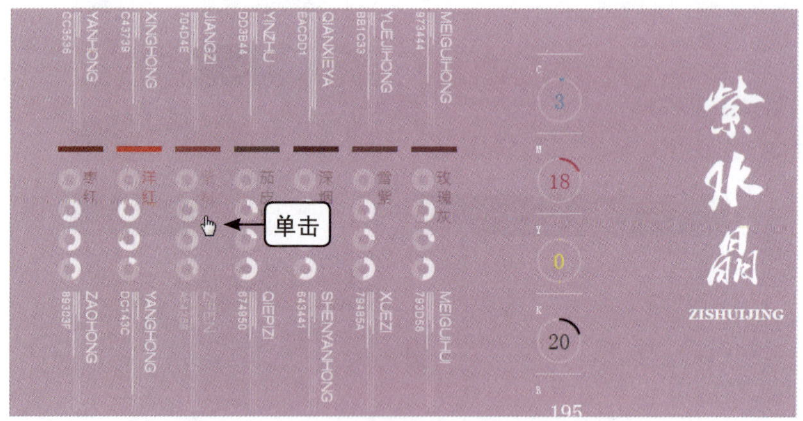

图 2-11

（4）百图汇

百图汇（http://www.5tu.cn/）是图片素材网站，但该网站也提供在线配色工具，在网站首页“便民工具”下拉列表中选择“在线配色”选项即可进入配色页面，在该页面我们可以查看到丰富的颜色表，如图 2-12 所示为颜色表大全。

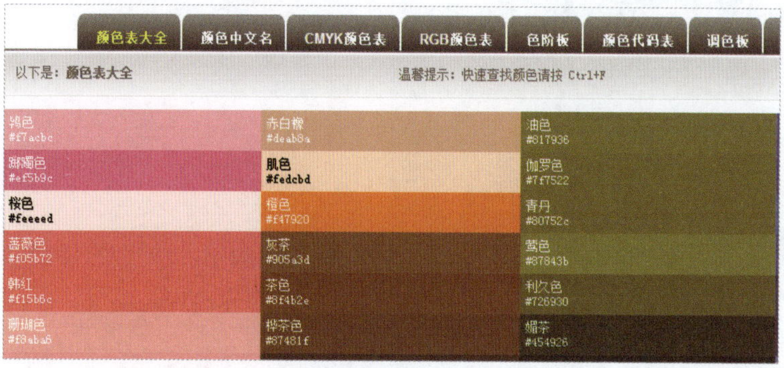

图 2-12

2.2.2 确定网店配色主色调

根据总体协调、局部对比的配色原则，在为网店配色时，首先应确定网店的主色调。网店的主色调不是随意选择的，而是通过分析商品属性和受众人群心理特征来选择的。当然有的网店店主比较有个性，他 / 她们会根据自己喜欢的风格来确定店铺的主色调，因为网上商品的很多类目并没有严格的用色要求，因此根据自己喜欢的风格来确定主色调也是可以的。

那么如何根据商品属性和受众人群心理来确定主色调呢？举个例子，比如网店销售的商品是儿童用品，那么我们面对的受众就是爸爸妈妈，而爸爸妈妈在选购儿童用品时会考虑自己的孩子会不会喜欢，以及这个商品是否安全等。所以这个时候还要分析小朋友喜欢什么颜色，一般来说，大多数小朋友都喜欢活泼、明亮的颜色。经过以上分析后，基本上能确定网店要使用什么颜色了，比如绿色、粉红色、明黄以及淡蓝色等都比较合适，如图 2-13 所示为两家儿童用品网店的首页，可以看出主色使用的都是明亮活泼的色彩。

图 2-13

2.2.3 庆典宣传活动首选色系

双十一、双十二都是网店买家熟悉的促销活动日，除此之外，在日常经营中网店也会根据需要开展各种营销活动。既然有活动，那么网店的视觉营销也要营造出节日和活动的氛围。

我们知道节日和活动会给人以喜庆的感觉，因此网店的视觉营销也要体现这种感觉，什么样的颜色能带给人这种感觉呢？一般来说，红色、橙色以及黄色等其他暖色系的、鲜艳的色彩都能给人以喜庆的视觉体验，如图 2–14 所示为聚划算活动海报。

图 2–14

从上图可以看出，该海报主要使用了两种颜色，即红色和白色。红白相间的配色带来了很强的视觉冲击感，同时也给我们以活动的心理暗示。

2.2.4 巧用产品自身配色

商品本身都是有色彩的，因此我们在配色时还可以巧妙地使用产品本身的色彩，使产品与背景色协调。比如我们可以利用产品本身的色彩轻松配出单色调，如图 2–15 所示。

图 2–15

从上图可以看出该商品的颜色为绿色，因此背景色巧用商品的色彩，也使用了绿色，但为了突出商品本身，改变了背景的明度，整个画面看起来既干净又清爽。下面再来看一个例子，如图2-16所示为面膜商品海报。

图 2-16

从上图可以看出，该海报的背景直接使用了面膜封面图的背景元素，为了丰富画面，搭配了云朵，整个画面看起来很舒服。

2.2.5 服装网店的理想配色

女装服装店和男装服装店比较理想的背景色是白色、米白色或象牙白，因为白色可以让网店看起来干净清爽。但纯白色会给人以寒冷、严峻的感觉，因此在使用白色时都会搭配一些其他色彩。白色若与暖色，如红色、粉色、橙红色、黄色和橘色搭配时，可以带来可爱或华丽的感觉；若与蓝色、紫色搭配时，可以给人清爽的感觉；若与黑色、灰色搭配时会给人以简洁大方的感觉。

一般来说，女装服装店的配色会丰富一些，常使用明亮的色彩，以突出健康、活力，而男装服装店的配色会较简单，常使用黑色、灰色或蓝色等较暗的色彩，以表现男性的刚强、冷酷。如图 2-17 所示为白色背景搭配暖色的女装服装店和搭配黑色的男装服装店配色。

图 2-17

2.2.6 珠宝首饰店的主打色系

珠宝首饰店常用的配色有红色＋黑色、咖啡＋金黄以及粉色＋蓝色等其他较明艳的配色等，艳丽的配色能使网店的整体视觉效果看起来高贵、优雅、活泼，符合女性的心理特点，如图 2-18 所示为两种配色风格的珠宝首饰店。

图 2-18

2.3 文字设计，新手变高手

文字是视觉营销不可缺少的一部分，是传播信息的主要载体。在视觉传达中，不同的字体会带给人不同的感受，另外，字体的选择和编排也影响着图片的美观度。

2.3.1 网店美工常用设计字体

字体就是文字的风格样式，这种风格样式传递了不同的视觉效果，在网店视觉营销中，美工常用的字体有以下几种。

◆ 宋体

宋体字笔画有粗细的变化，一般是横细竖粗，末端有装饰部分，即衬线。宋体字使用广泛，不仅在网页中，在书籍、杂志和报纸中也常出现。宋体字能给人典雅、时尚的视觉效果，如图 2–19 所示的“静缘茶道六君子”7 个字使用的就是宋体，给人以雅致的感觉。

图 2–19

◆ 黑体

黑体笔画横平竖直，笔迹全部一样粗细，字形端庄没有衬线。黑体笔画粗壮有力，因此常用作标题，有强调的效果。黑体能给人以厚重、现代、强有力的感觉，如图 2-20 所示的“数码优品 满减红包优惠不止”使用的就是黑体，可以看出很抢眼。

图 2-20

◆ 书法字

书法字体分为篆、隶、楷、行、草，在网店中一般使用楷书和行书，因为篆书、隶书和草书较难辨认。书法字体具有俊美、飘逸和文化感，一般来说售卖笔墨纸砚、书画的网店会较常使用书法字体，有时书法字体也会用作海报标题，如图 2-21 所示为双十二海报中使用的书法字。

图 2-21

除以上字体外，仿宋字体以及其他艺术字也较常使用，仿宋顾名思义就是仿造宋体字演变而来的字体，相比宋体字，仿宋字体横竖笔画均匀，结构紧密，给人以清秀的感觉，常用于宝贝详情页阐述，艺术字则多用于标题。

2.3.2 如何正确地选择字体

视觉营销中，若选用了不协调、不恰当的字体会导致信息传递大打折扣，因此如何正确选用字体就很重要了，如图 2–22 所示为使用不同字体的海报。

图 2–22

上图中，第一张海报使用的是宋体，第二张海报使用的是汉仪菱心体简体，两张海报相比第二张看起来更大气，更有氛围，因此第二张海报所选用的字体更好。

看了上面的例子，想必字体选用的重要性已经不言而喻了，那么在网店视觉营销中究竟要如何选用字体呢？一般来说，具有历史文化气息的图片可以使用书法字体；具有现代感的图片可以使用黑体；具有女性气质、文艺气质的图片可以使用宋体或其他较细的字体。当然，网店视觉营销中到底要使用何种字体并没有严格的限制，但在选择时要遵循和谐的原则。在具体设计中，我们可以尝试多种字体，最后进行对比，看哪种字体的视觉效果更好就选哪种。

2.3.3 几种创意字体设计

有创意的文字会让人眼前一亮，给人以不同的视觉体验，要让文字富有创意并没有想象中那么难，有时只需简单的变形即可。

◆ 创意重叠

将文字进行错位重叠，可以营造出立体感，如果将文字笔画、字与字或字与图形进行叠加处理，还可以增加文字的设计感，让单调的文字丰富起来，如图 2-23 所示。

图 2-23

◆ 替换法

替换法是指将某一文字或文字中的某一笔画替换为图形元素或其他文字元素，这可以增加文字的艺术感染力，如图 2-24 所示。

图 2-24

◆ 共用法

文字具有很强的结构性，实际上它是由各种线条构成的，因此可以从文字的结构中找到不同文字笔画之间的联系，让不同文字的笔画实现共用，如图 2-25 所示。

图 2-25

◆ 俏皮设计法

俏皮设计法是指将棱角分明的文字笔画进行圆弧处理，使文字变得圆润、可爱，而不是传统的方块字形，如图 2-26 所示为将文字笔画进行圆弧处理后的效果。

图 2-26

◆ 断肢法

断肢法是指将文字的笔画断开或者把笔画截去一截，在使用这种方法时要注意一点，要确保断肢后的文字仍能辨认，如图 2-27 所示。

图 2-27

2.3.4 在线生成好看的中西文字体

目前，有很多网站都提供了字体在线生成器工具，利用这些网站可以快速生成好看的中西文字体。

（1）QT86

QT86（http://www.qt86.com/）最初是为了提供黑板报字体参考而创造，现在已经成为互联网世界最流行的艺术字体在线生成器工具网站之一。在 QT86 网站首页，我们可以查看到丰富的艺术字体，单击“选用”按钮可进入字体生成页面，如图 2-28 所示。

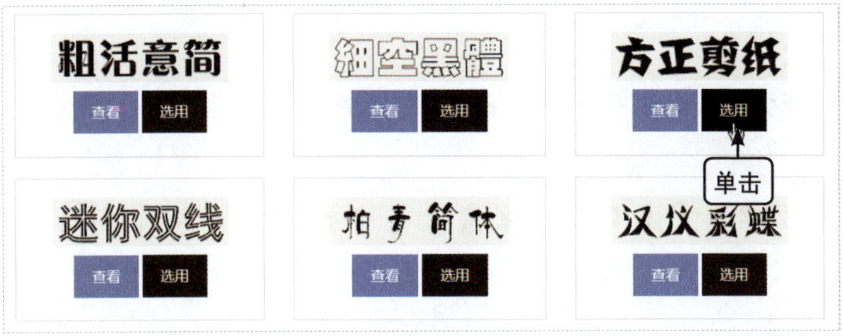

图 2-28

在打开的页面中的“艺术字体控制台”文本框中输入文字，再设置字型、字色和背景，单击“点击生成”按钮即可，如图 2-29 所示。

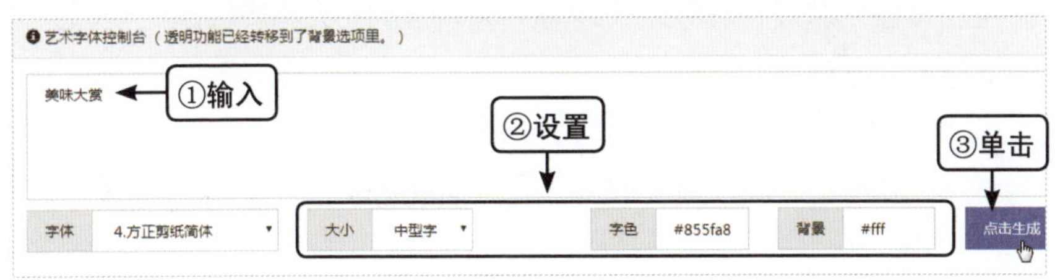

图 2-29

（2）第一字体网

第一字体网（http://www.diyiziti.com/）提供的字体转换器很全，包括在线书法字体生成、艺术字转换器、篆体字转换器、毛笔字在线生成器、隶书在线转换、行楷字体转换、艺术签名在线生成器、POP 字体转换器、花体字转换器、卡通字体转换器、手写体在线转换、美术字体转换、在线印章生成器和英文字体转换等。如图 2-30 所示为第一字体网提供的部分书法字体。

图 2-30

（3）亿品字体网

亿品字体网（http://www.epinv.com/）提供英文书法字体、手写字体和花体英文等在线转换生成器，如图 2-31 所示为亿品字体网提供的部分英文字体。

图 2-31

2.4 文字布局

如何把文字安排在合适的位置，也是视觉营销中需要考虑的。当文字需要与画面相结合时，文字与画面中各元素的距离、大小面积等，都会影响文字的识别度与美感。

2.4.1 文字排列有奥秘

有时候文字看起来不美，可能并不是你选错了字体，而是没放对地方，在视觉营销中，想让文字的排版看起来更美观，第一个秘诀是整齐。在如图 2-32 所示的图片中可以看出，画面中除了背景以外并没有其他元素，文字采用的是居中对齐的排列方式，这种整齐的排列方式可以让画面看起来规整不凌乱。

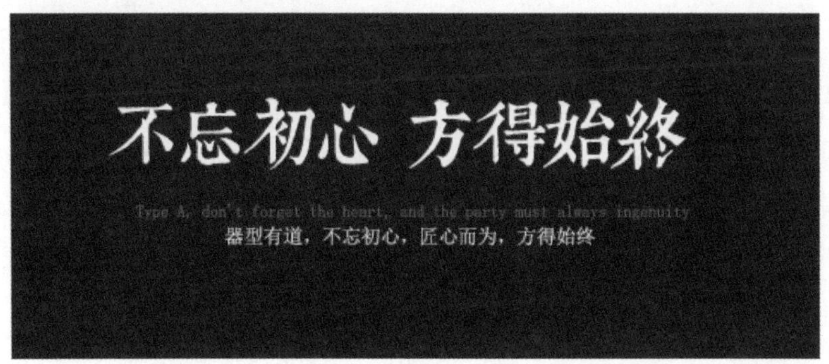

图 2-32

在遵循整齐排列的原则下，一般来说，横排文字会安排在画面中较空的位置进行居中或左对齐排列，很少使用右对齐。

文字排列的第二个秘诀是留白。在文字排列的过程中，千万不能将画面排得密密麻麻，即使是宝贝详情页面的介绍也要留出一定的空白，文字太多会导致视觉疲劳，给看的人带来压迫感。

从如图 2-33 所示的图片中可以看出，文字的内容相对较多，为了避免画面看起来太紧，将文字之间的间距适当加宽，使横排文字之间留有空白，这样可以让画面看起来更轻松。

图 2-33

文字排列的第三个秘诀是聚拢。在一个画面中，可以将文字内容分为不同的板块，相关内容则向一个板块聚拢。在如图 2-34 所示的画面中，文字被分为了 3 个板块，包括标题、表格和温馨提示，同一板块之间的文字相互靠拢，而不同板块的文字则用框线和留白进行间隔。

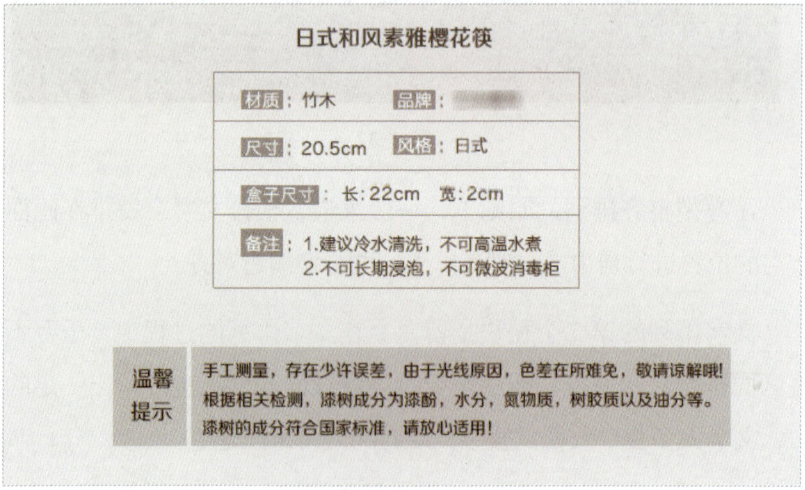

图 2-34

2.4.2 文字与图形的合理搭配

在网店设计中，大多数时候都需要进行图文搭配设计，那么怎样搭配图文才能使画面更好看呢？下面来看看几种图文搭配的思路。

◆ 左图右文

当画面右侧留白较多时，可以将文字安排在图片的右侧，使画面形成两部分，一部分是图，一部分是文。与左图右文相反的是左文右图，这两种图片搭配方式都较常使用。如图 2-35 所示为网店详情页面展示图，为了让版式看起来更丰富，采用了左图右文 + 左文右图的搭配方式。

图 2-35

◆ 上图下文

上图下文是指图片位于文字的上方，当不想让文字影响图片的展示时，或者图片中的元素本身就比较丰富时，即可采用这种图文搭配方式。

在网店中，销售的一个商品可能有多种样式，当要展示某个商品的多个样式时，可以采用上图下文的图文搭配方式，如图 2-36 所示。

图 2-36

◆ 文字位于图片正中

当我们要突出文字内容时，可以将文字放在画面的正中，这时文字的字体一般都要大，不然会让画面看起来不协调，也无法起到突出文字内容的效果，如图 2-37 所示。

图 2-37

◆ 文字位于角落

如果文字的内容本身不多，可以考虑将文字安排在画面的角落，具体安排在左上角还是右上角，则看画面中哪个位置比较空。在如图 2-38 所示的图片中，将文字安排在了画面的右上角，让画面看起来具有独特的韵味。

图 2-38

2.4.3 文字排版如何营造韵律

优秀的文字排版会让文字演绎出音乐的律动，在一段文字排版设计中，若不采用任何修饰与变化，就会让文字看起来太过平铺直叙而没有韵律感，文字的韵律美体现在大小、粗细、颜色和间距上，下面来看如图 2-39 所示的海报。

图 2-39

可以看出，上图采用的是左图右文的图文搭配方式，在文字的排版上采用了居中对齐的方式。从文字的大小来看，“实付满 159 元送纸袋一只”的字号最大，使主题文字醒目突出；从文字的粗细和颜色来看，“送纸袋一只”与其他文字形成对比，加强了效果；从文字的间距来看，纵向的疏密恰当，能产生高低错落的感觉。如果从音乐的角度来看该文字的排版方式，便是弱→稍强→较强→很强→稍强→弱这样的韵律。

通过上面的例子可以给我们带来启发，可以通过改变文字的大小、粗细、颜色和间距使文字的排版富有变化，让文字在横向上或纵向上产生韵律感。

Photoshop：图片优化利器

网店的视觉营销离不开一个重要的工具——Photoshop，当我们拍摄的商品图片因为相机、光线等原因导致主图效果不佳时，就要利用 Photoshop 进行图片处理。掌握它是任何美工必备的基本技能，这里将主要针对其网店图片优化功能进行介绍。

3.1
零基础自助处理产品图片

在进行网店图片处理时，有些基本操作方法是实用且常用的，这些基本操作方法我们必须首先掌握，并学会融会贯通。

3.1.1 全解提高图片质量的方法

我们在 Photoshop 中处理完产品图片并保存时，有时会因为没有注意选择图片的品质，而导致照片处理后质量下降，因此在不想改变产品图片质量的情况下，在存储照片时要在“品质”下拉列表中选择“最佳”选项，如图 3-1 所示。

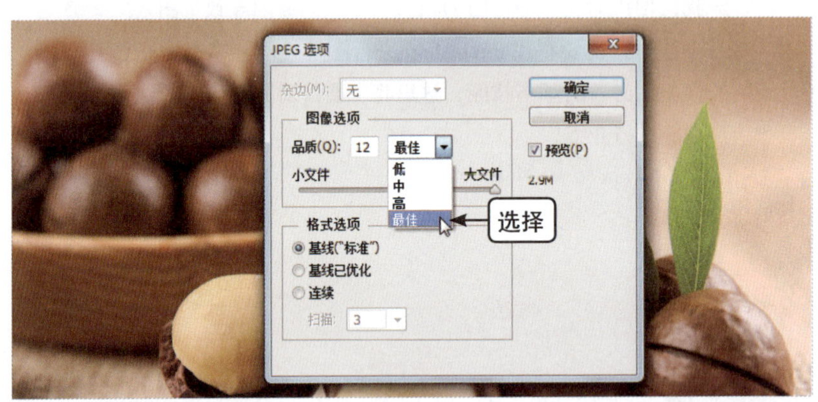

图 3-1

在产品图片拍摄完成后，有时会出现图片不清晰的情况，这时就需要调整图片的清晰度，比较简单的调整图片清晰度的方法是锐化。

锐化是通过增加相邻像素的对比度来实现模糊图片变清晰的方法。在 Photoshop 中打开需要处理的图片，选择“滤镜”下拉列表中的“锐化 / 智能锐化”命令，在打开的对话框中设置锐化参数，单击“确定”按钮并保存即可，如图 3–2 所示。

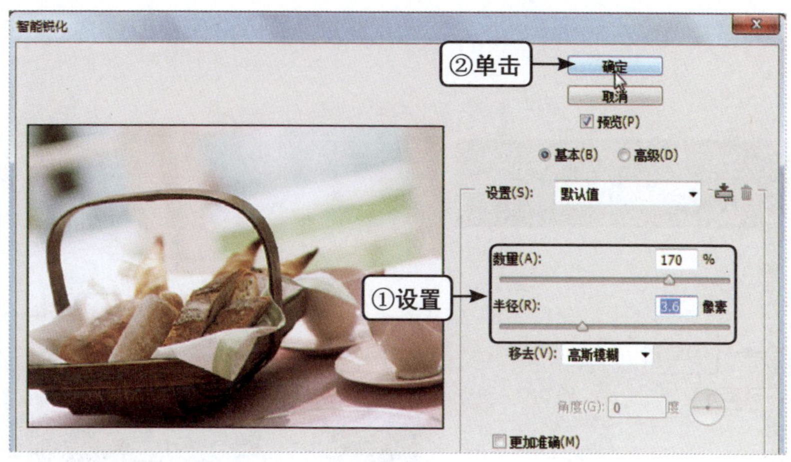

图 3–2

如图 3–3 所示为锐化后的对比图，可以看出右图比左图更清晰。

图 3–3

3.1.2 随心所欲裁剪图片

为适应网店商品展示的需求，很多时候我们都要对图片进行裁图。

当我们要让画面更突显商品本身时，就可以通过裁剪改变图片本身的长、宽比来实现。

改变图片的长宽比比较简单，在 Photoshop 中打开需要裁剪的图片后，单击“裁剪”按钮，将光标定位在图片的中间位置，根据需要裁剪边框，裁剪完成后按【Enter】键应用裁剪，最后再保存即可，如图 3–4 所示。

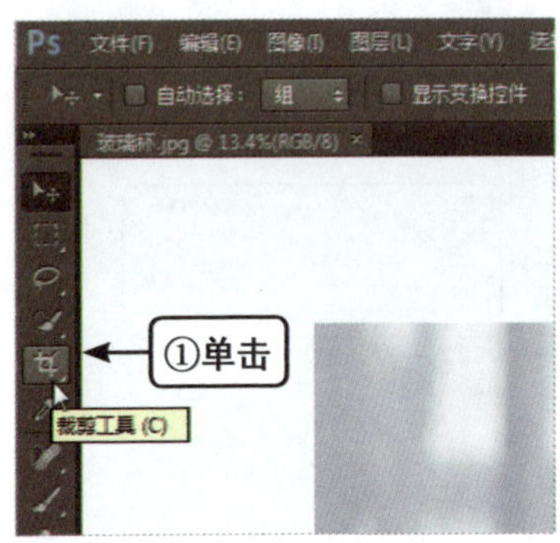

图 3–4

在宝贝详情页面展示商品时，并不一定要用规整的长方形或正方形来展现，我们还可以用圆形、桃心等形状来展示，这样可以让详情页面看起来更有特色，如图 3–5 所示。

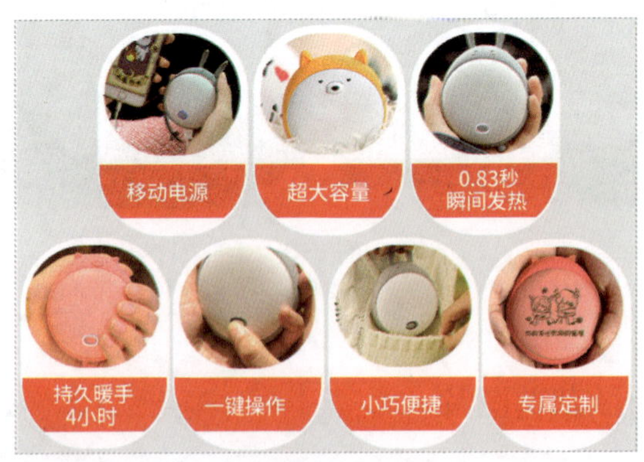

图 3–5

Photoshop 提供了椭圆、圆角矩形和多边形等工具，利用这些工具可以裁剪出自己需要的图片形状。

在 Photoshop 中打开需要裁剪的图片，右击“矩形工具”按钮，选择“椭圆工具”命令，在图上绘制一个圆形，如图 3-6 所示。

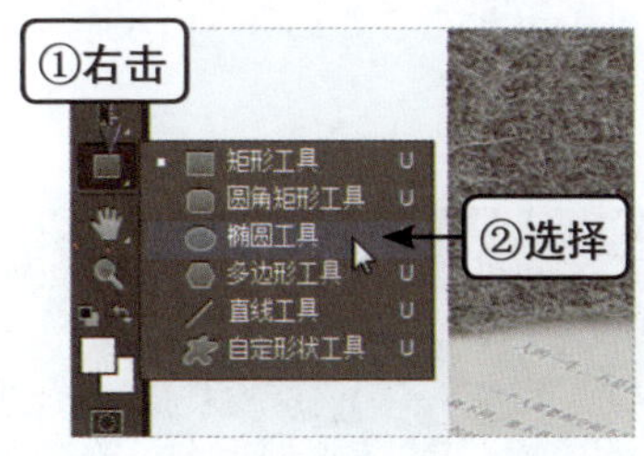

图 3-6

按住【Ctrl】键，选择“椭圆 1”缩略图，切换到背景图层，按【Ctrl+J】组合键剪切选区，并删除其他图层，最后将得到如图 3-7 所示的效果。

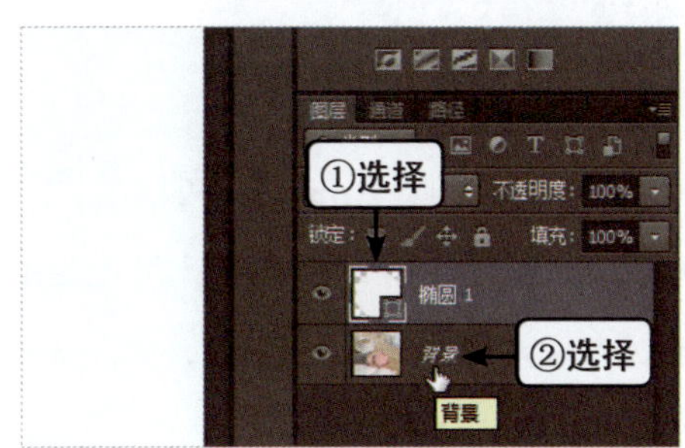

图 3-7

3.1.3 调色，你不知道的诀窍

由于受摄影器材、光线等原因的影响，拍出来的商品照片有时会出现亮度不够、色彩不好看的情况，此时就需要调色，下面来看看几种方便实用的调色命令。

◆ “自动色调”工具

“自动色调”工具可以自动调整图片中的暗部和亮度，中间像素则会按比例重新分布。在 Photoshop 中打开一张颜色偏暗的商品图片，在菜单栏中选择“图像 / 自动色调”命令或按【Shift+Ctrl+L】组合键就可以对图片进行色调的自动调整，如图 3–8 所示为应用“自动色调”命令后的效果对比图。

图 3–8

◆ “自动对比度”工具

“自动对比度”工具可以自动调整图片的对比度，它可以使图片中的高光变亮，暗部显得更暗。在 Photoshop 中打开一张对比度不足的商品图片，在菜单栏中选择“图像 / 自动对比度”命令即可，如图 3–9 所示为应用“自动对比度”命令后的效果对比图。

图 3–9

◆ “自动颜色”工具

“自动颜色”工具能通过搜索实际图像像素来调整图像的对比度和颜色，使画面颜色更协调。在 Photoshop 中打开一张颜色偏黄的商品图片，在菜单栏中选择“图像 / 自动颜色”命令即可，如图 3-10 所示为应用“自动颜色”命令后的效果对比图。

图 3-10

3.2 柔性制品：让你的产品更柔软

服装、家纺和家居用品是比较常见的柔性制品，这类商品也是网店中销售得比较多的产品，此类商品在网店中进行展示时，重点要体现其材质的特性。

3.2.1 分析柔软材质产品特性

柔软材质的产品根据面料的不同，其所展现的特点也会不同，总地来说，其面料可分为以下几种。

（1）棉布

棉布是各类棉纺织品的总称，时装、休闲装、衬衫和床单被套等产品常常会使用棉布来制作。棉布的优点是柔软贴身、透气性佳，缺点在于易皱。因此，在网店中展示棉类纺织品时，要体现其柔软亲肤、健康舒适和细腻透气的特点，如图 3-11 所示为棉被。

图 3-11

（2）丝绸

丝绸是以蚕丝为原料纺织而成的，丝绸的优点在于光滑、轻薄、色彩绚丽和富有光泽，缺点在于容易皱、不够结实，在网店中展示丝绸制品时，要体现其色彩和光泽，如图 3-12 所示为丝绸围巾。

图 3-12

（3）呢绒

呢绒又被称为毛料，是对用各类羊毛、羊绒织成的织物的泛称，常用于制作西装、大衣和围巾等高档服装，其优点在于防皱耐磨、保暖性强，缺点在于洗涤较为困难。在网店中展示呢绒制品时，要体现其纤细柔软、不易变形的特质，如图 3-13 所示为呢绒大衣细节图。

图 3-13

除以上材质外，软性制品常用的材质还有化纤、毛绒、亚麻以及混纺等。不同的软性制品在网店中展示时要突出各自的特质。

3.2.2 柔软材质修这几点就够了

对购买柔软材质的买家来说，他 / 她们比较关注产品本身的色彩、面料、质量和款式，在修图时，我们重点要修的是色彩和清晰度，为什么呢？

这是因为柔软材质的商品在拍摄时容易受到光线的影响，导致颜色出现偏差，为了让买家能清楚地了解商品的色泽，我们常常需要进行色彩修正。

我们知道，柔软制品的面料和质量实际上通过触觉来感受会更直观，但网店上的商品买家是触摸不到的，这时我们就只能用清晰的图片来向买家展现商品的面料和质量，因此，对于不太清晰的图片，就需要调整其清晰度。

如图 3–14 所示为女装外套模特实拍图和平铺图，从图中可以看出两张图的色彩看起来存在偏差，因此我们需要进行简单的色彩修正。

图 3–14

除此之外，褶皱也是我们需要修图的一部分，这是因为褶皱有时会影响柔软制品的美感。有时把褶皱暗部的亮度提高一点，适当将褶皱变浅，可以让柔软制品显得更加自然。

3.2.3 柔软制品如何打造

要让柔软制品看起来赏心悦目并没有想象中的那么困难，下面提供几点修图思路。

◆ 产品整体形态的校准

当拍摄出来的产品图片结构形态不是很美观时，或者说摆拍时没有注意细节使商品略有变形时，我们就可以对其进行形态校准，进行形态校准常用的工具是“液化”工具。“液化”工具可用来推、拉、旋转、反射、折叠和膨胀图像的任意区域，是修饰图像的重要工具之一，如图 3-15 所示为 Photoshop 中的“液化”工具。

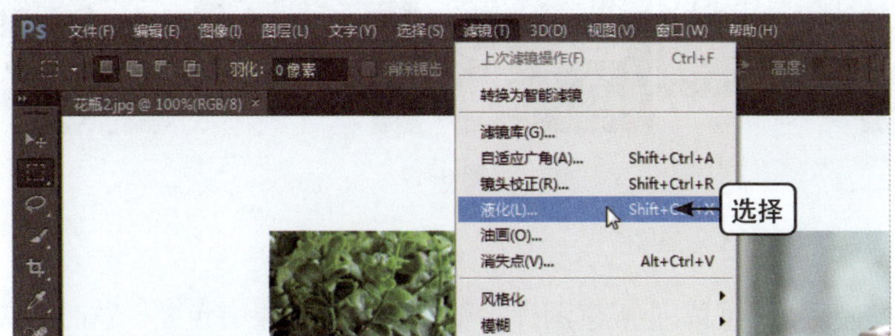

图 3-15

◆ 抠图或处理背景

如果只需要对产品进行处理，那么就需要抠图，将产品抠出来后再进行修图，如果背景看起来不是特别满意，则对背景进行处理。产品抠图可以使用的工具有很多，如磁性套索工具、魔棒工具和钢笔工具等，如图 3-16 所示为常用的抠图工具。

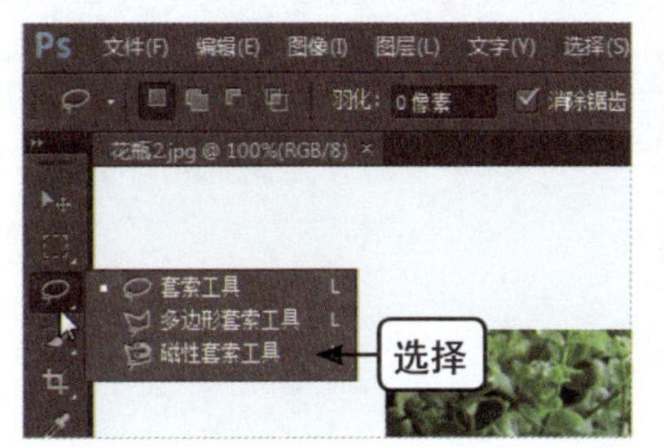

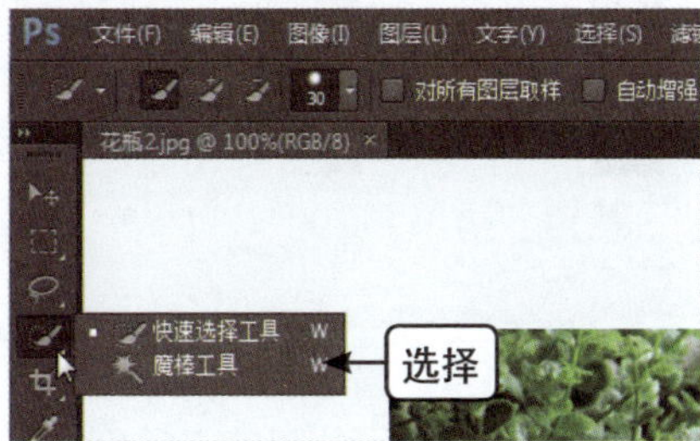

图 3-16

◆ 修褶皱或瑕疵

如果产品有污点瑕疵，或者褶皱看起来影响美观，这时就可以对污点进行修复，或者将褶皱淡化。这一步常用的工具有污点修复画笔工具、仿制图章工具和修补工具等，如图 3-17 所示为常用的瑕疵修补工具。

图 3-17

◆ 颜色校准

最后，我们需要观察图片的整体效果，如果有色差，这时就需要对色差进行校准，常用的工具有亮度对比度、色阶和曲线等，如图 3-18 所示为常用的调色工具。

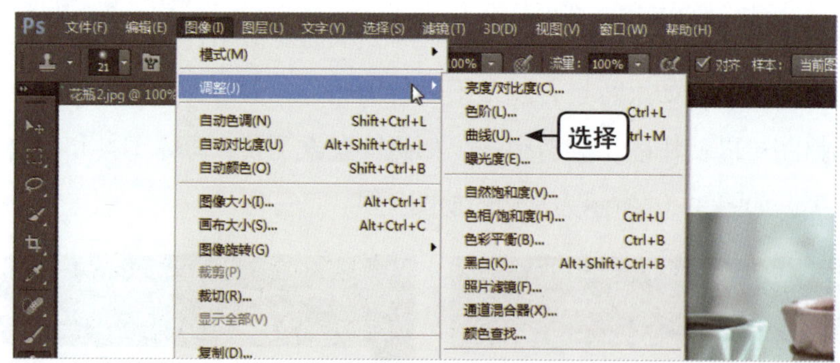

图 3-18

3.2.4 柔软材质修图案例解析

下面我们以西服为例，来看看用 Photoshop 为服装修图的大致思路。在 Photoshop 中打开一张西服产品图，右击背景图层，在弹出的快捷菜单中选择“复制图层”命令。由于该服装领口处和裤缝处有瑕疵，因此选择“滤镜 / 液化”命令，如图 3-19 所示。

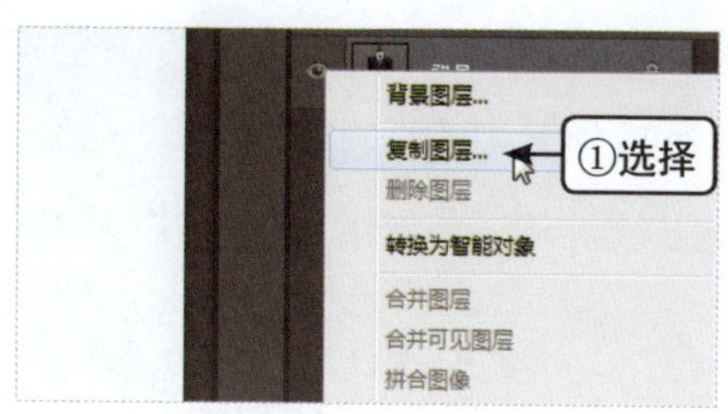

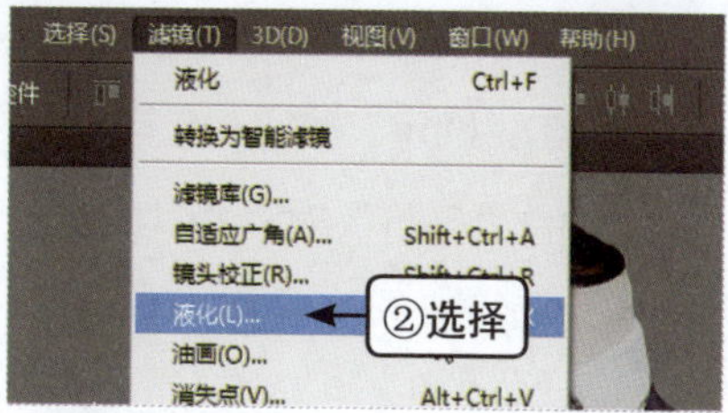

图 3-19

打开“液化”对话框，将鼠标光标定位到西服的领口处，向左调整领口，以修正领口。将图片放大，以同样的方法修正裤缝，如图 3-20 所示。

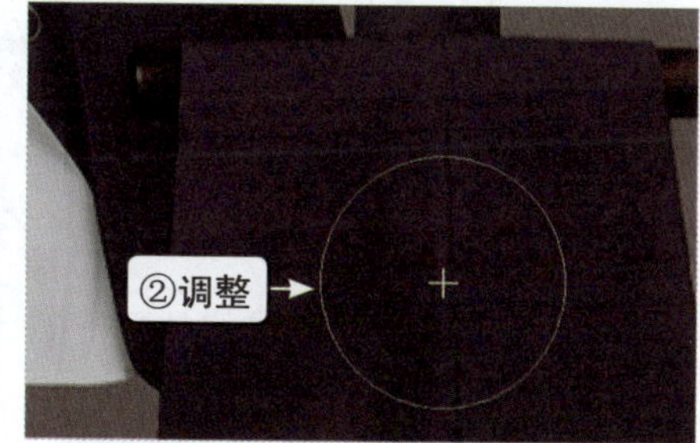

图 3-20

完成调整后，单击“确定”按钮。在“图像”下拉列表中选择“调整 / 亮度 / 对比度”命令，如图 3-21 所示。

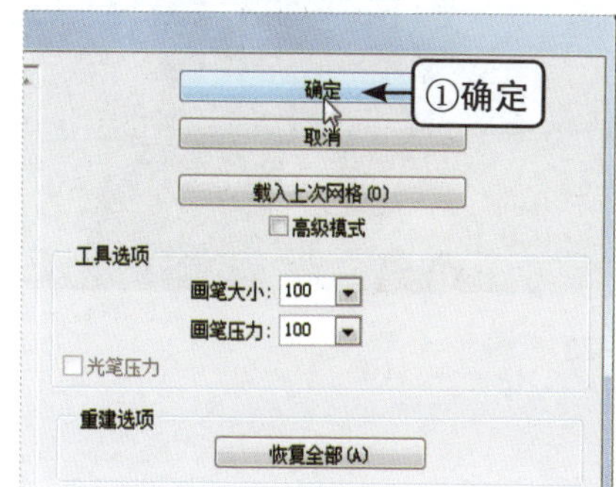

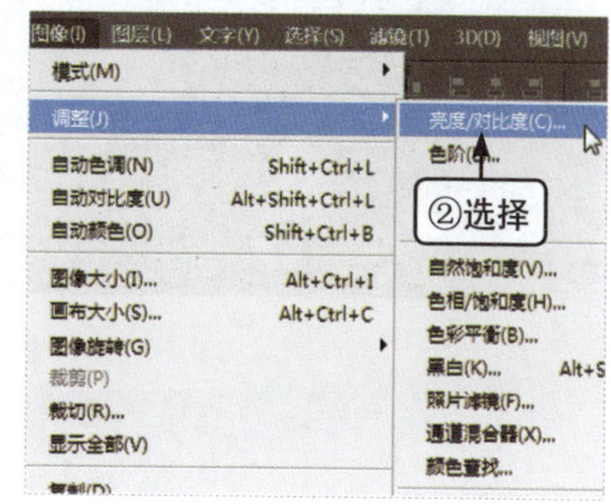

图 3-21

在打开的“亮度 / 对比度”对话框中调整亮度和对比度，调整完成后单击“确定”按钮。选择“图像”下拉列表中的“调整 / 色阶”命令，在打开的“色阶”对话框中滑动“输出色阶”三角形滑块，调整色阶，单击“确定”按钮，如图 3-22 所示。

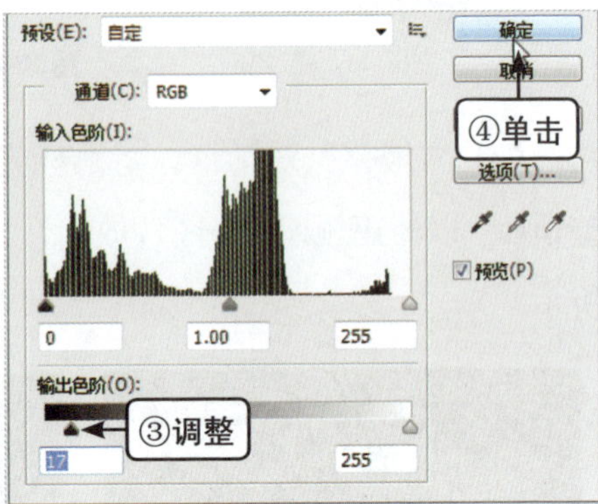

图 3-22

保存图片，原图和最终效果图对比如图 3-23 所示。

图 3-23

3.3 金属制品：让你的产品更闪亮

手表、戒指和项链等都是常见的金属类产品，金属类产品的一个特点就是“闪亮”。因此，如何让金属类产品看起来干净有光泽是我们要重点考虑的。

3.3.1 分析金属材质产品特性

日常生活中，常见的金属材质产品有银饰、黄金饰品、铂金、铁制用品、铜制用品以及其他合金用品等。金属材质的产品硬度都较硬，当光线照射到其上面时，会出现明显的高光和暗部。如图 3-24 所示为银手镯，可以看出很明显的亮部和暗部。

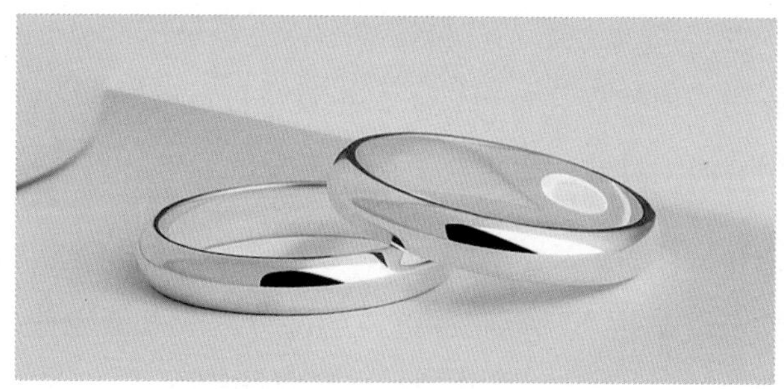

图 3-24

金属材质的产品之所以会有明显的明暗差别，是因为其对光线的反射强烈，而柔性制品对光的反射相较于金属制品要小，因此不会产生如此大的明暗反差。

3.3.2 金属制品修这里

既然是金属制品，当然要体现其金属的质感。如图 3-25 所示为拉丝耳环，可以看出右图比左图看起来更有金属质感。

图 3-25

对金属制品进行修图，要按照素描的逻辑来修，我们重点需要修的是 3 个部分，高光、灰度与阴影。简单来讲就是让暗的地方暗下去，亮的地方亮起来，只要做到这一点，金属的质感自然就出来了。

◆ 高光

当光源照射到物体上然后反射到人的眼睛里时，物体上最亮的那个点就是高光，高光不是光，而是指物体上最亮的部分。在素描中，高光的地方用橡皮擦提亮就可以了，也就是把灰度减弱，在 Photoshop 中可以使用减淡工具或画笔工具来得到高光。

◆ 灰度

这里的灰度是指灰部与暗部过渡的部分，灰度能表达出物体的立体感，在 Photoshop 中可以使用涂抹工具来使明暗过渡自然。

◆ 阴影

阴影就是物体投射在地面上的影子，阴影可以让金属制品看起来自然。如图 3-26 所示为球体，从中可以很好地了解物体的明暗分布。

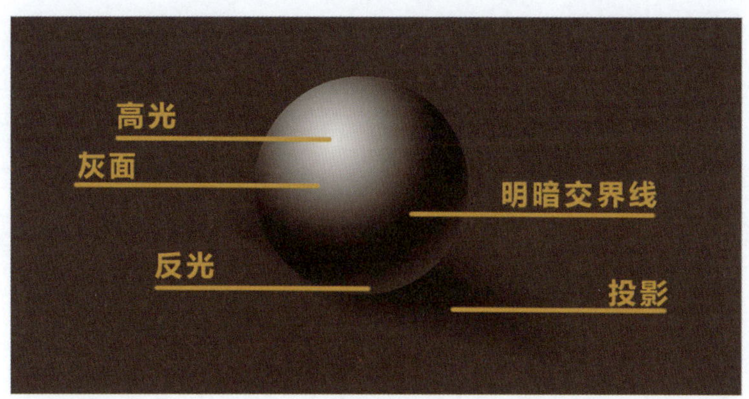

图 3-26

3.3.3 金属制品修图案例解析

下面我们以钻石戒指为例，来看看用 Photoshop 进行金属制品修图的大致思路。在 Photoshop 中打开需要修图的图片，复制背景图层。复制后单击“钢笔工具”按钮，沿着钻石戒指的外边缘建立路径，闭合路径后按【Ctrl+Enter】组合键将路径转换为选区，如图 3-27 所示。

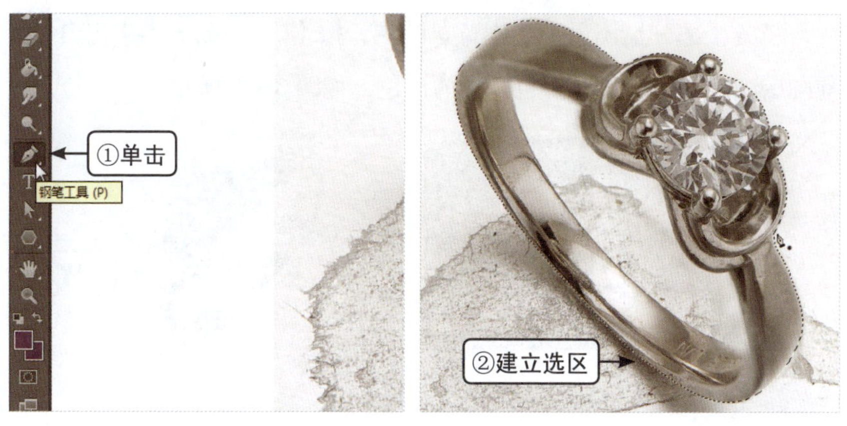

图 3-27

按【Ctrl+Shift+I】组合键反选选区，再按【Ctrl+X】组合键剪切选区。

再次使用钢笔工具建立选区，最后抠出整个钻石戒指，如图 3-28 所示。

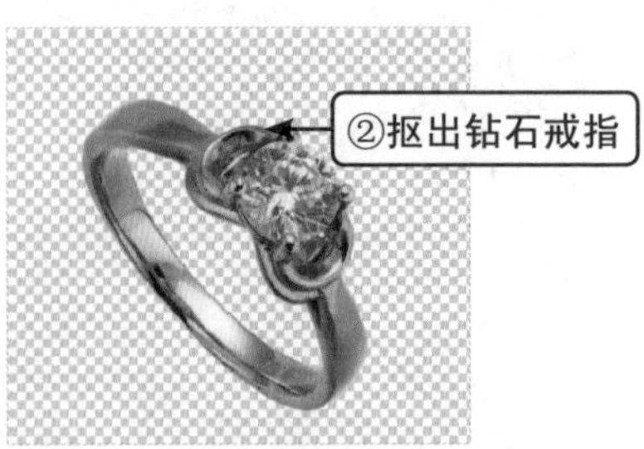

图 3-28

完成以上步骤后，再分别抠出钻石戒指的外圈、内圈、左臂以及右臂等，并对其重命名，以便修图时使用，如图 3-29 所示。

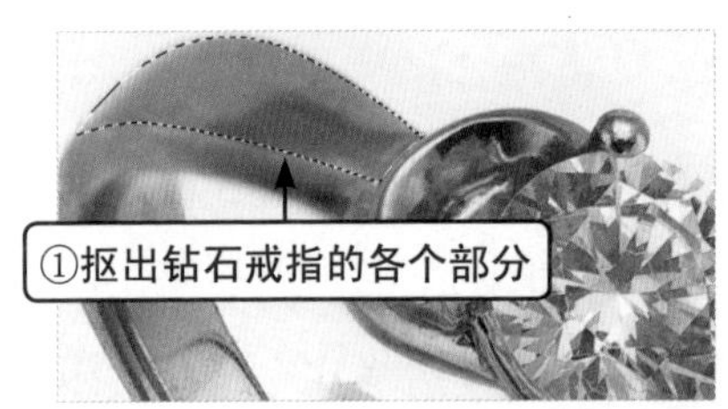

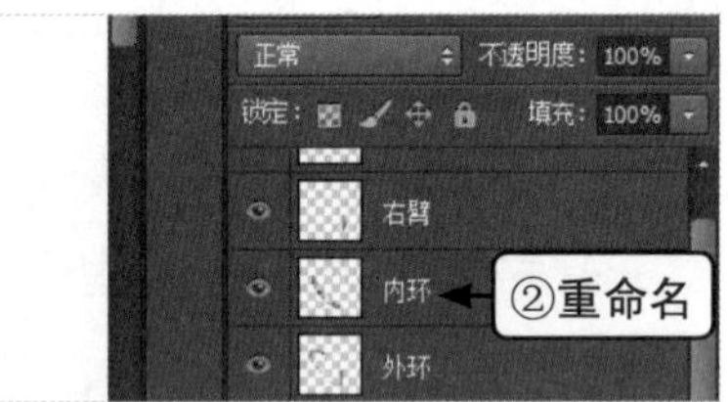

图 3-29

将各个部分抠出后，选中背景图层，按【Ctrl+Shift+N】组合键新建图层，将该图层的背景色填充为白色，如图 3-30 所示。

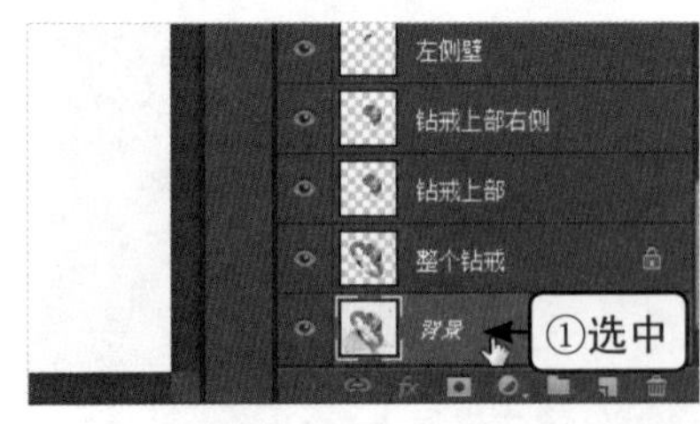

图 3-30

完成以上步骤后，就可以进行钻戒细节的修图了。首先，选中钻戒其中一个部分的图层，按住【Ctrl】键，单击其图层缩略图，调出选区，如选择钻戒的右臂，再单击“锁定透明图层”按钮，将图层锁定，如图 3–31 所示。

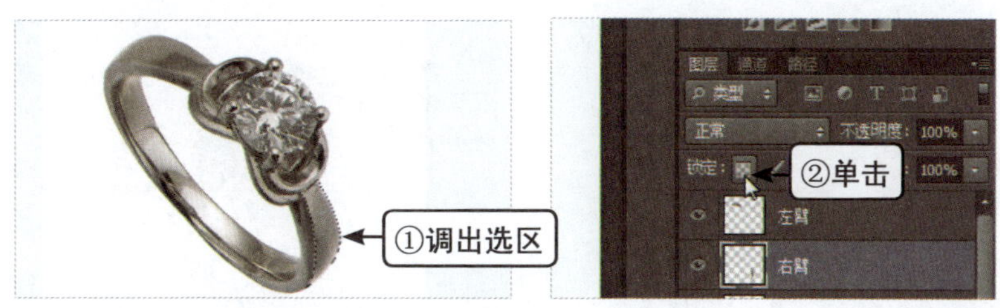

图 3–31

按【Ctrl+Shift+U】组合键对选区去色，选择“涂抹工具”选项（涂抹的强度根据具体情况设置，这里设置为 25% 左右），对钻戒的右臂进行涂抹，如图 3–32 所示。

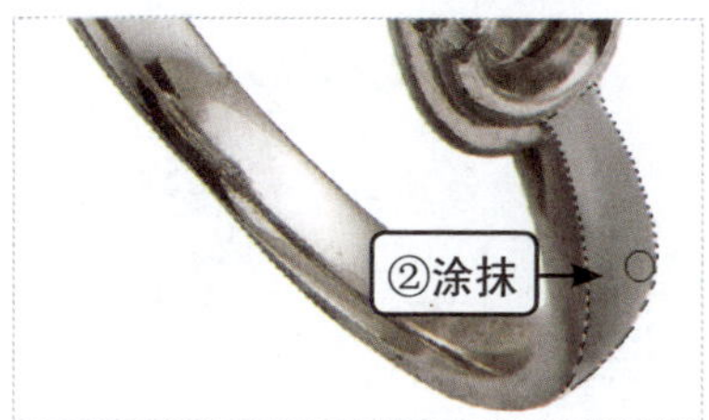

图 3–32

涂抹完成后单击“减淡工具”按钮（将减淡工具的范围设置为“高光”，曝光度根据情况设置，这里设置为 25% 左右），涂抹出右臂的高光，如图 3–33 所示。

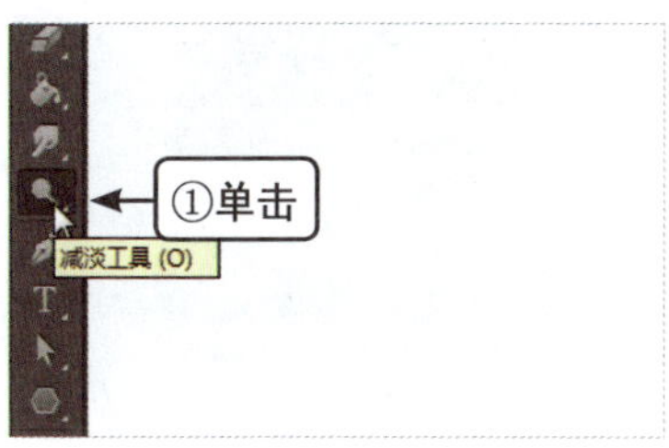

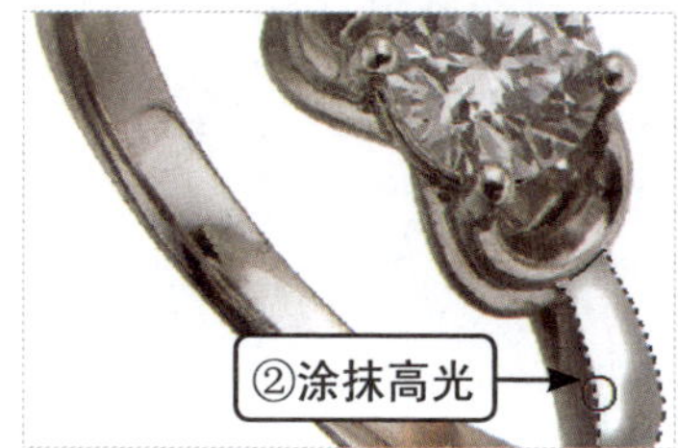

图 3–33

继续使用涂抹工具，并结合减淡工具对细节进行调整。使用同样的方法修饰钻戒的其他部分，如图 3-34 所示。

图 3-34

完成钻戒各部分的修图后，对钻戒进行描边，并添加阴影，如图 3-35 所示。

图 3-35

最后，观察钻戒整体，再次对细节进行调整，并替换钻戒上的钻石，原图和修图后的对比，如图 3-36 所示。

图 3-36

3.4

玻璃制品：让你的产品更通透

水杯、化妆品瓶等都是常见的玻璃制品，在网店中展示透明的玻璃材质产品，要表现出产品的通透性。

3.4.1 分析玻璃材质产品特性

玻璃材质的产品大多是圆柱形的，其光影表现常常是中间暗，两边呈现出亮暗的渐变，如图 3–37 所示。

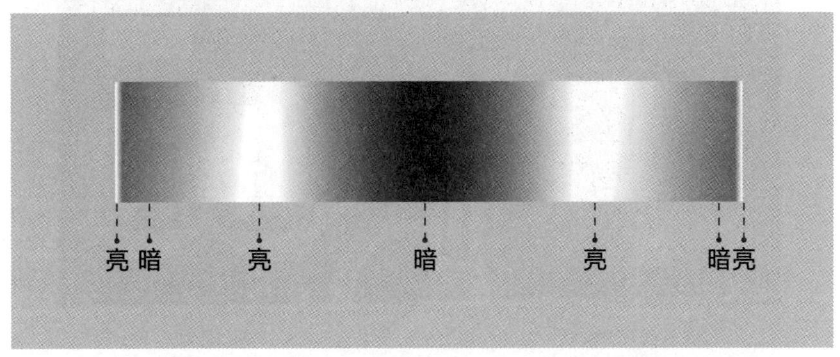

图 3–37

这种光影表现可以称之为对称光，对称光能突出产品的体积感和立体感，能很好地呈现出圆柱形产品的形体美。

下面来看看如图 3–38 所示的化妆品和玻璃水杯，可以发现其光影表现都呈现出了对称光的特点。

图 3-38

3.4.2 玻璃制品修图修哪里

对玻璃制品进行修图，与金属制品修图有相似之处，主要修的是高光、反光。但由于玻璃材质不同，其光感也会有所不同，因此修图时要注意观察不同材质的光的表现，如磨砂材质玻璃的光感会比较柔和，而光滑材质玻璃的光感会较强，如图 3-39 所示为磨砂玻璃水杯和光滑玻璃水杯的对比。

图 3-39

高光能凸显玻璃制品的光泽感，因此若产品的高光不足，就需要提亮高光。在光线的照射下，玻璃制品一般都会呈现出反光，反光的面积不会特别大，在修图时也要注意反光的强弱，如图 3-40 所示。

图 3-40

在对玻璃制品的瓶身进行修图时，要注意正确使用色彩的光谱走向。正确的做法是把瓶身的色彩做成弧线形的过渡，如图 3-41 所示。

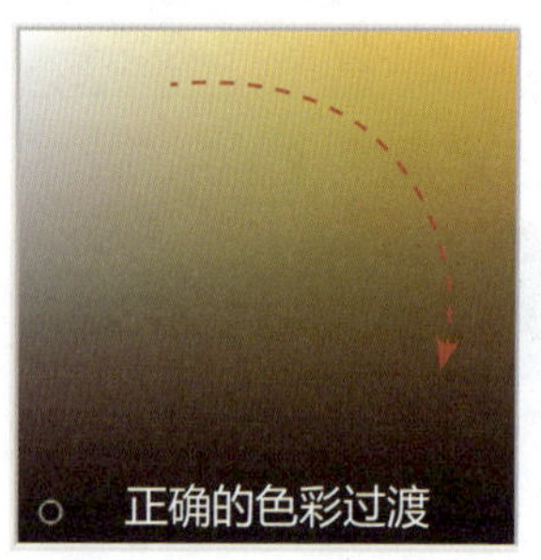

图 3-41

3.4.3 玻璃制品修图案例解析

下面以化妆品为例，来看看对玻璃制品进行修图的大致思路。在 Photoshop 中打开化妆品产品图片，并复制背景图层，使用钢笔工具将化妆品瓶身从背景中抠出来，然后单击“添加图层蒙版”按钮，添加图层蒙版，如图 3-42 所示。

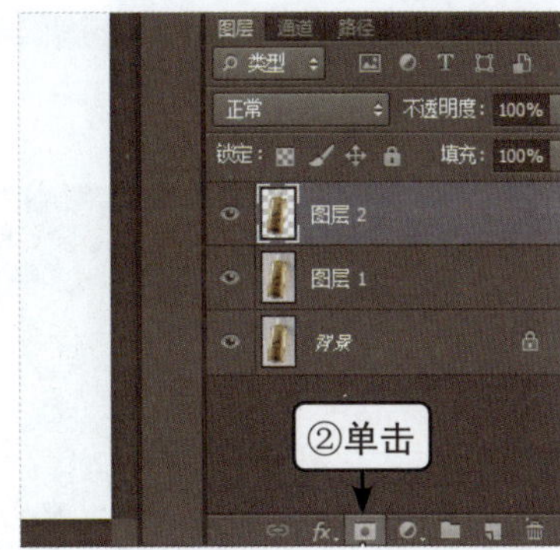

图 3-42

新建图层并填充为白色，将其移动到“图层 2”的下方。选中“图层 2”图层，在“调整”选项卡中单击“亮度 / 对比度”按钮，如图 3-43 所示。

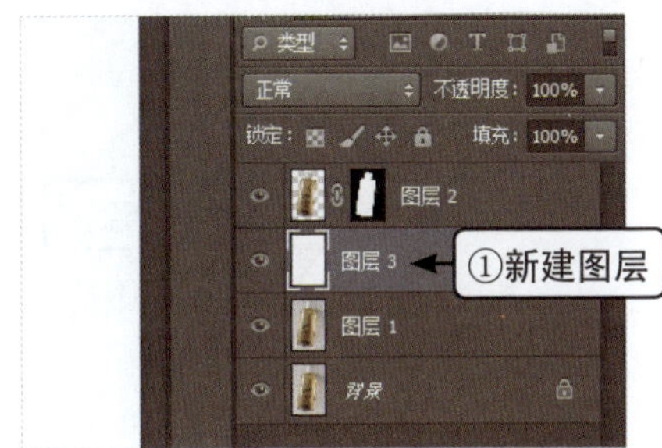

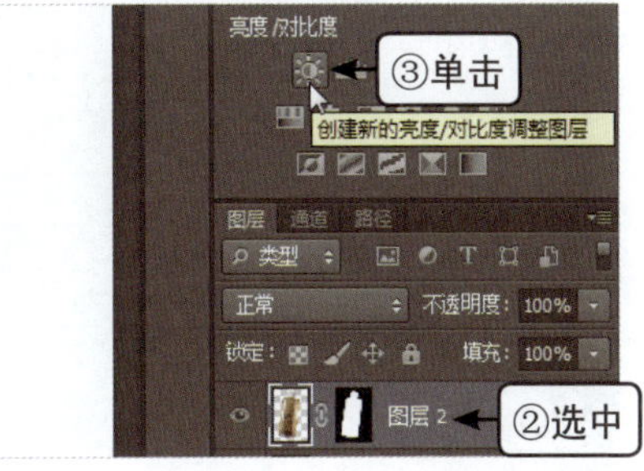

图 3-43

根据图片情况调整产品的亮度和对比度，再单击“可选颜色”按钮，如图 3-44 所示。

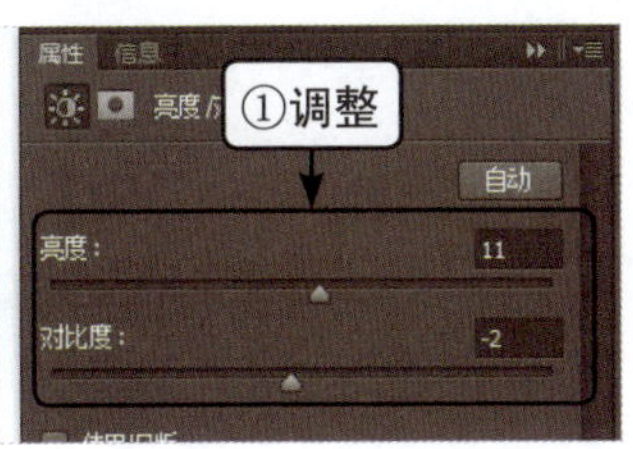

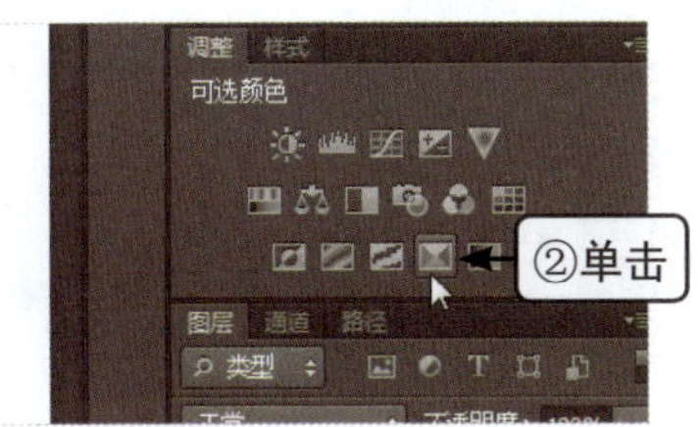

图 3-44

单击“此调整影响下面的所有图层”按钮，再分别调整颜色的参数，如图 3-45 所示。

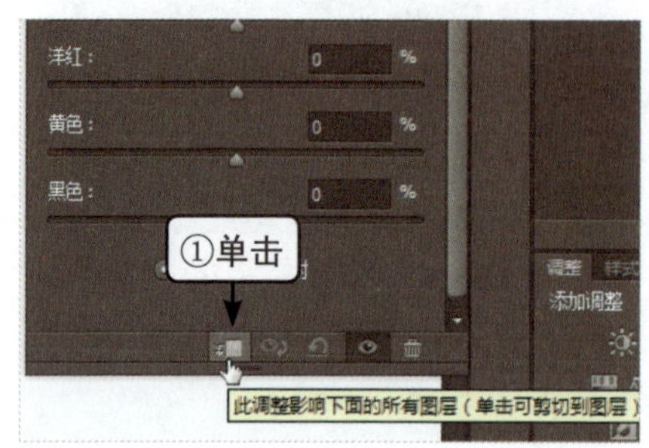

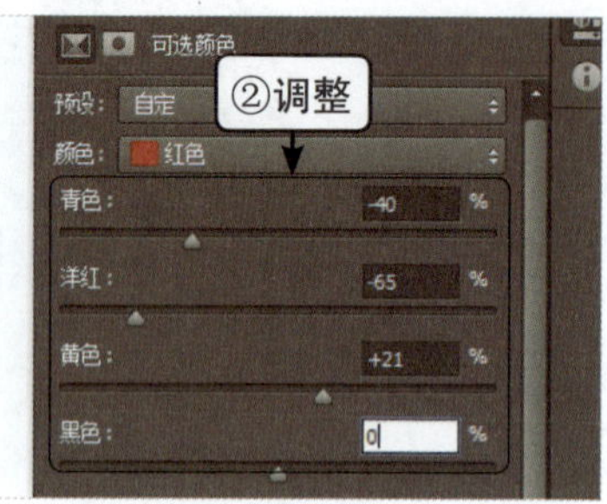

图 3-45

进行色彩调整后，选中“图层 2”图层，单击“污点修复画笔工具”按钮，对化妆品的污点进行涂抹，这里我们将化妆品中间的文字涂抹掉，如图 3-46 所示。

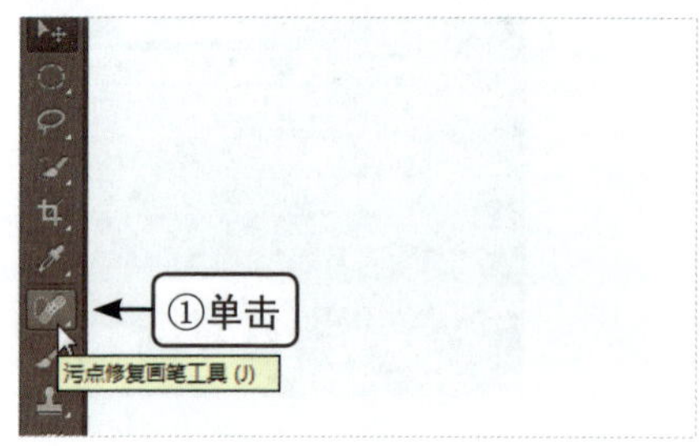

图 3-46

单击“仿制图章工具”按钮，按【Alt】键选取瓶身的颜色，对瓶底黑色的部分进行涂抹，如图 3-47 所示。

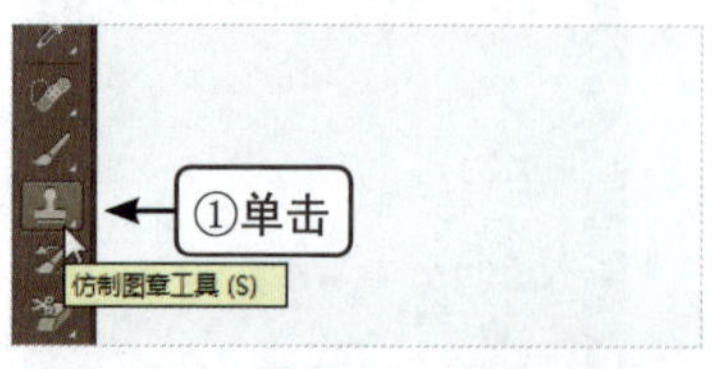

图 3-47

单击“矩形工具”按钮，绘制一个矩形，将其填充为白色，并添加蒙版。为矩形形状羽化 6 左右的像素（单击图层蒙版缩略图调出蒙版属性，设置形状路径的羽化像素），再设置矩形的不透明度（50% 左右），按【Ctrl+T】组合键调整矩形形状，将其置于瓶身的高光位置，如图 3-48 所示。

图 3-48

用同样的方法绘制瓶身其他地方的高光，绘制完成后，使用钢笔工具抠出瓶底，如图 3-49 所示。

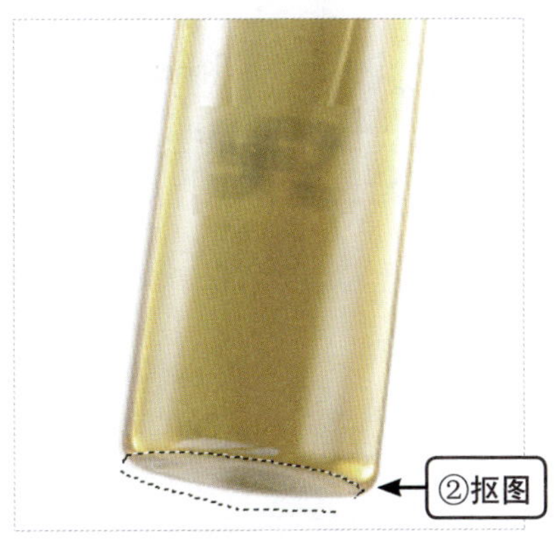

图 3-49

为瓶底填充瓶身的颜色，并将其混合模式设置为“柔光”。新建图层，使用钢笔工具沿着瓶底绘制路径，右击，在弹出的快捷菜单中选择“描边路径”命令，在打开的“描边路径”对话框中选择“画笔”选项（描边时画笔颜色要设置为白色，画笔不能太粗），对路径描边后，设置不透明度，使高光自然，如图 3-50 所示。

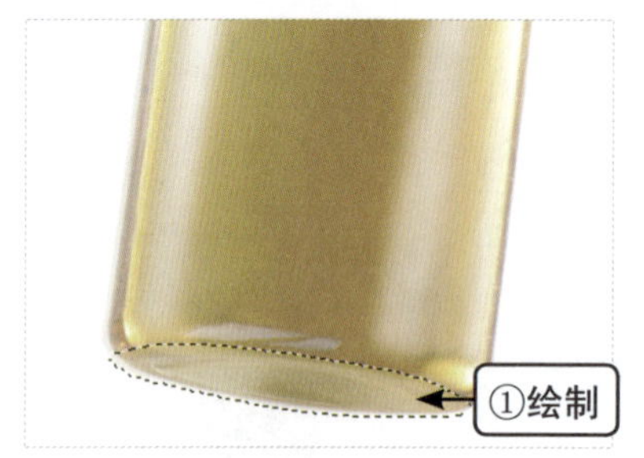

图 3-50

最后，使用橡皮擦工具对瓶底的高光进行调整，再适当调整瓶身的对比度和亮度，并添加阴影（使用污点修复工具涂抹掉的文字可以使用文字工具手动输入添加，这里不再添加），原图与修图后的图片对比，如图 3-51 所示。

图 3-51

3.5 塑料制品：让你的产品更有质感

在网店中销售的很多产品都是塑料包装，或本身就是塑料制成的。在拍摄塑料制品时摄影师常常会因为反光而头疼，因为塑料的反光性较强，部分塑料包装又常常很难弄平整，因此拍出来的产品图片常常需要精修后才能使用。

3.5.1 分析塑料制品特性

塑料实际上是由多种材料合成的一种材料，总地来看，其具有质轻、强耐腐蚀性和隔热性能好等特点。日常生活中的玩具、洗涤用品的包装等都是常见的塑料制品。

塑料制品质地光滑，一般有特定的形体，因此在网店中展示塑料制品时要体现其轮廓以及轻薄光滑的特点，如图 3-52 所示为不同角度呈现塑料玩具的轮廓。

图 3-52

图 3-52（续）

3.5.2 塑料制品修图关键点

对塑料制品进行修图，其关键点在于要表现出塑料光滑和立体的质感。许多塑料制品都是有颜色的，因此在修图时要注意体现出色彩的不同光感，如图 3-53 所示为空气加湿器，可以看出其金色部分和白色部分的喷涂质感是不同的。

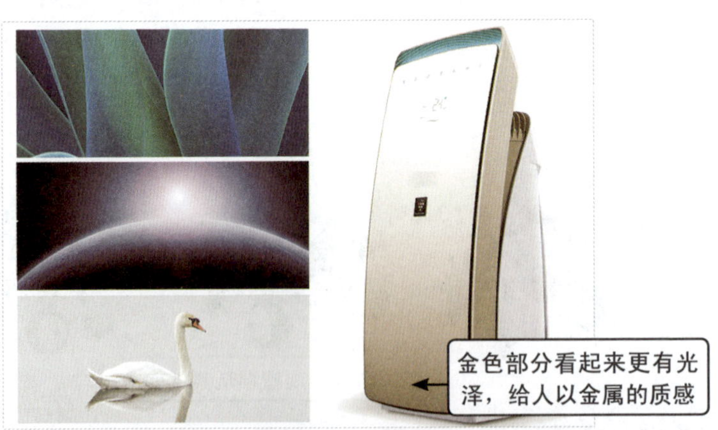

图 3-53

在对塑料制品进行修图时，可以通过明暗对比来增加产品本身的立体感和光感，对于细节部分可以单独抠出来调色以增加质感和层次感，如图 3–54 所示为电吹风机，明暗对比让其看起来很立体。

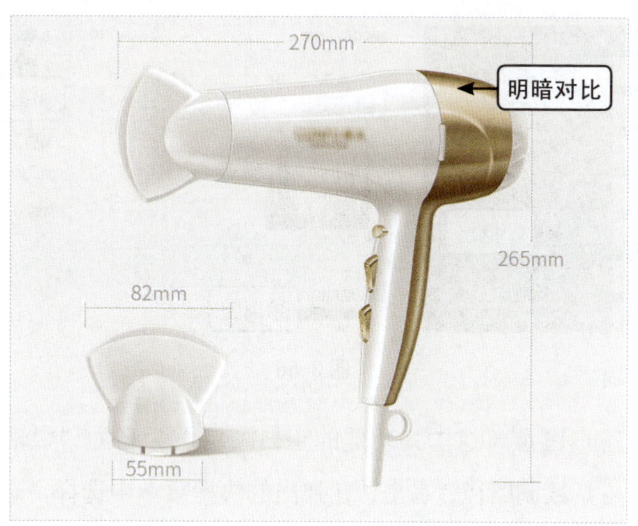

图 3-54

3.5.3 塑料制品修图案例解析

下面以蓝牙耳机为例，来看看塑料制品修图的大致思路。在 Photoshop 中打开需要修图的产品图片，使用钢笔工具将产品整体抠出。复制一层图层，按【Ctrl+Shift+U】组合键去色，如图 3–55 所示。

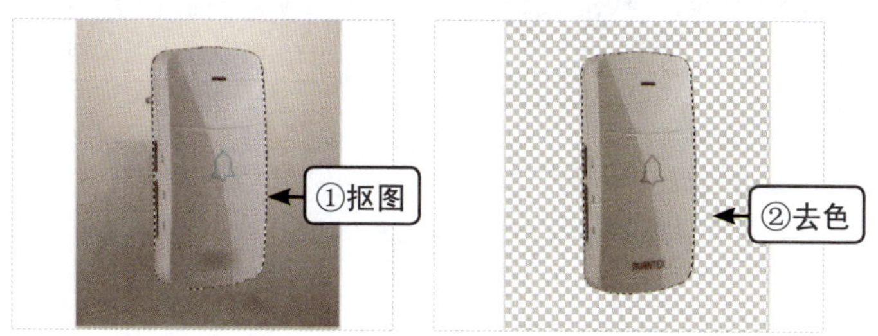

图 3-55

使用钢笔工具将产品的正面、侧面、LOGO 以及 USB 接口等分别抠出，选中 USB 接口的图层，按【Ctrl+L】组合键，在打开的对话框中调整色阶，单击“确定”按钮，如图 3-56 所示。

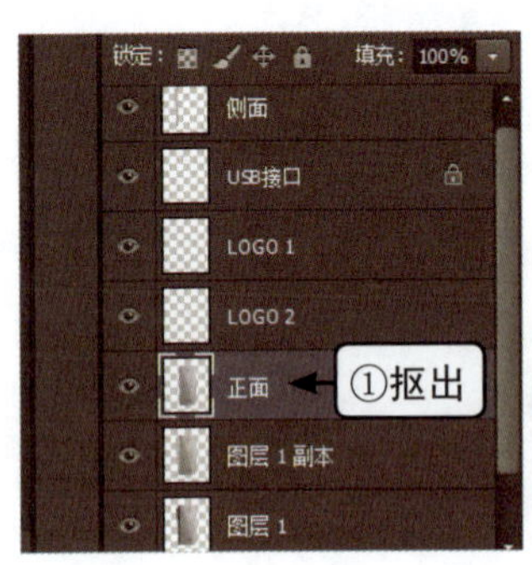

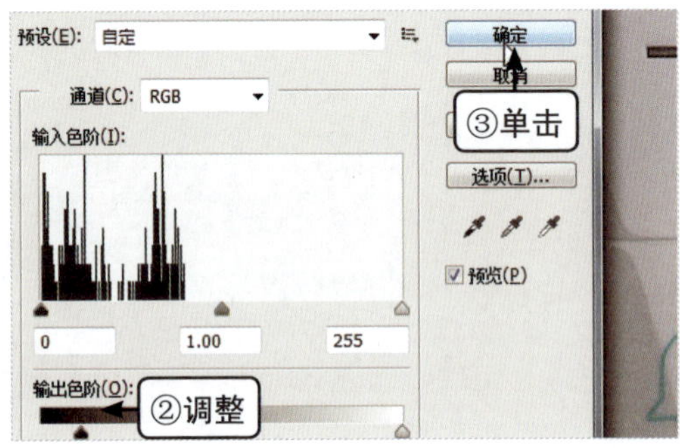

图 3-56

新建空白图层（这里为新建的空白图层重命名为“中轴线”），使用钢笔工具绘制路径，右击，在弹出的快捷菜单中选择“描边路径”命令，在打开的对话框中选择“画笔”选项，再单击“确定”按钮。在滤镜下拉列表中选择“模糊 / 高斯模糊”命令，在打开的对话框中设置高斯模糊的半径，单击“确定”按钮，如图 3-57 所示。

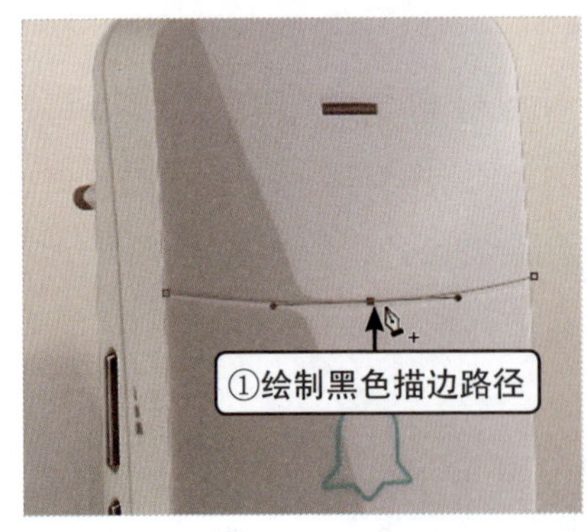

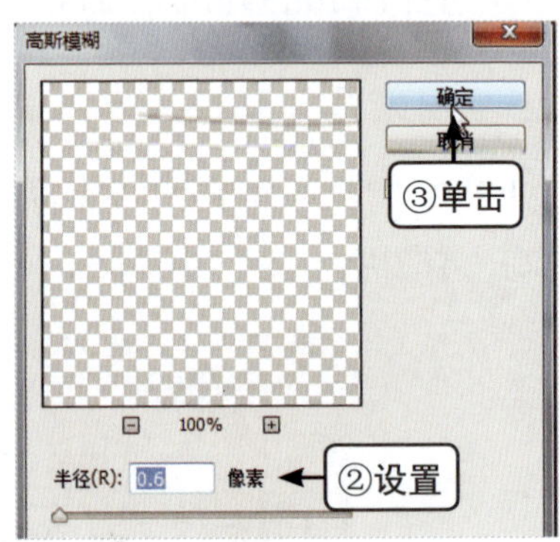

图 3-57

按照同样的方法绘制白色的描边路径，白色描边路径比起黑色描边路径的位置要下移一点。复制产品“正面”的图层，使用钢笔工具抠出产品正面灰色的阴影部分和白色的部分，如图 3-58 所示。

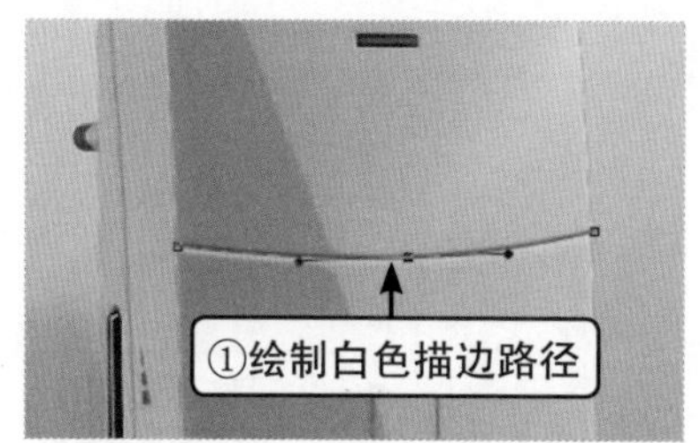

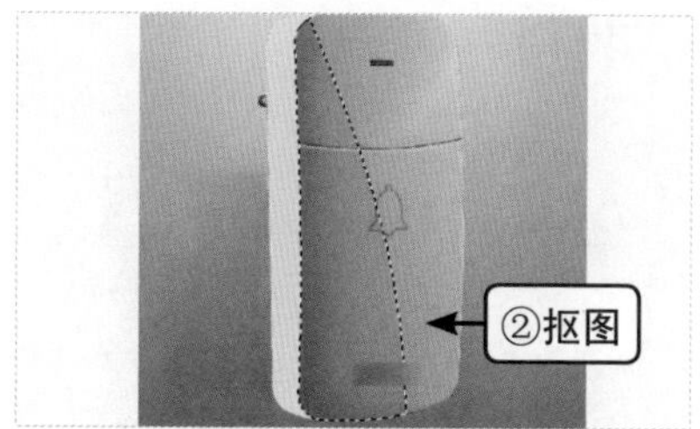

图 3-58

使用画笔工具将复制的产品“正面”图层绘制成白色，使用黑色画笔沿着蓝牙耳机的边缘绘制出光影效果，如图 3-59 所示。

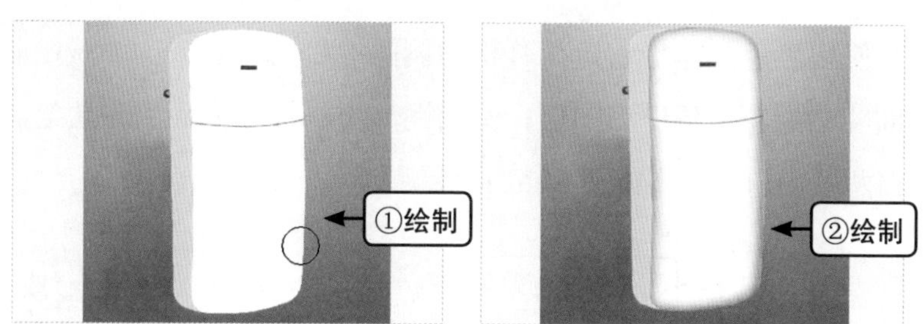

图 3-59

选中正面灰色阴影部分的图层，为其填充黑色。调整不透明度，再设置高斯模糊，如图 3-60 所示。

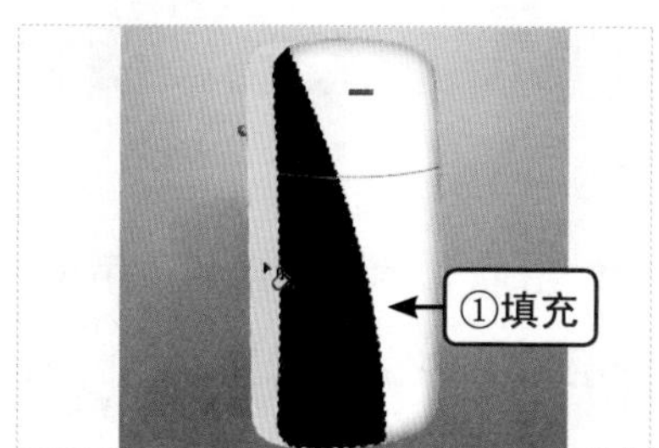

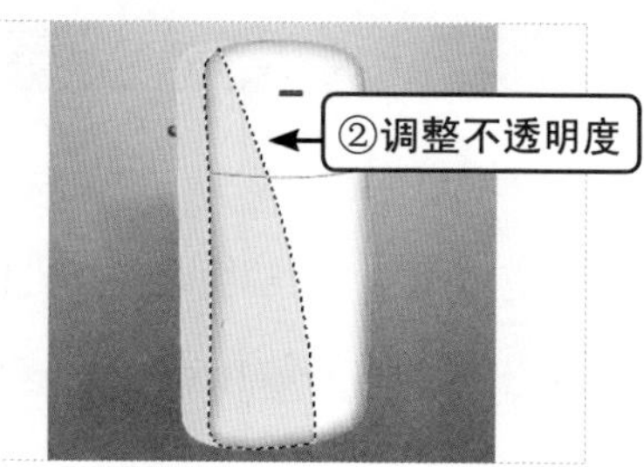

图 3-60

复制蓝牙耳机侧面的图层，同样使用画笔工具将其绘制为白色。复制当前图层，为其填充黑色，并调整不透明度和设置高斯模糊，如图 3-61 所示。

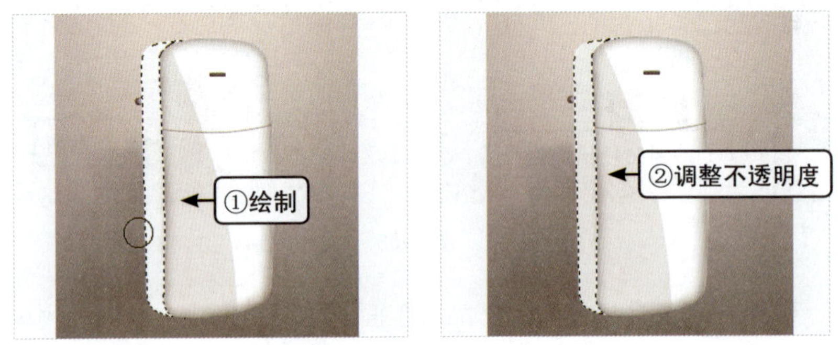

图 3-61

使用黑色画笔沿着蓝牙耳机的侧面绘制光影效果。隐藏绘制好的侧面的图层，新建空白图层，使用钢笔工具按照前面的方法绘制一黑一白两条描边路径，如图 3-62 所示。

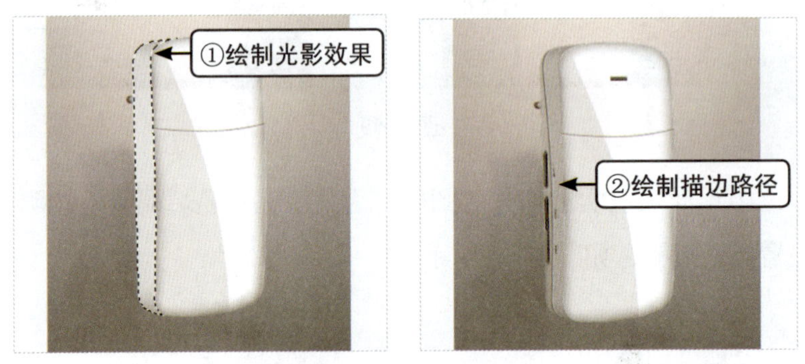

图 3-62

使用魔棒工具将蓝牙耳机侧面的 USB 接口抠出，继续使用魔棒工具抠出侧面的播放按键，将这两个图层置于侧面所有图层的上方，如图 3-63 所示。

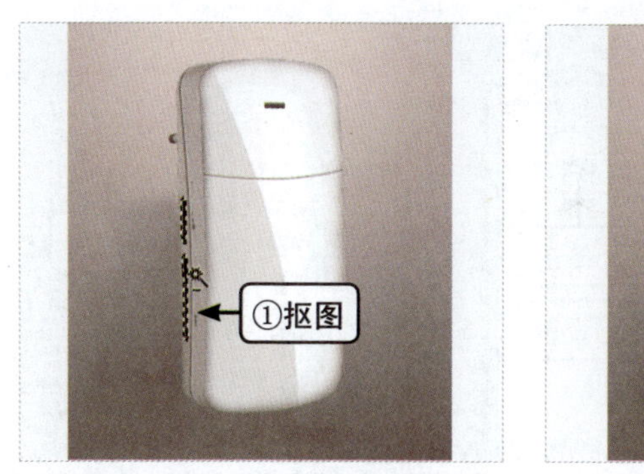

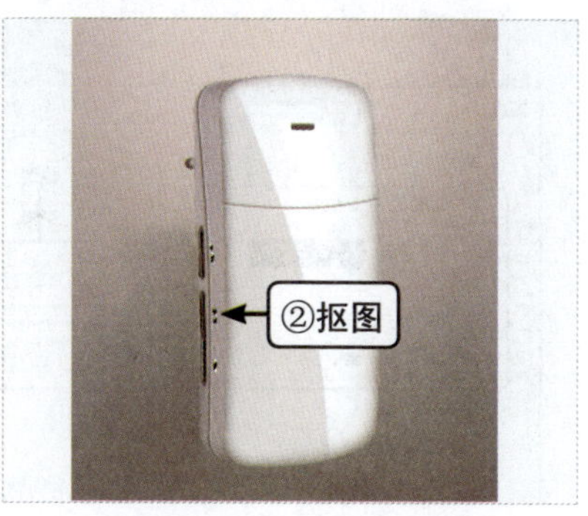

图 3-63

新建空白图层，调出蓝牙耳机正面的选区，按【Alt+E+S】组合键打开描边对话框，设置描边的宽度、颜色和位置，单击“确定”按钮。使用橡皮檫工具擦除右侧不需要的边，如图 3-64 所示。

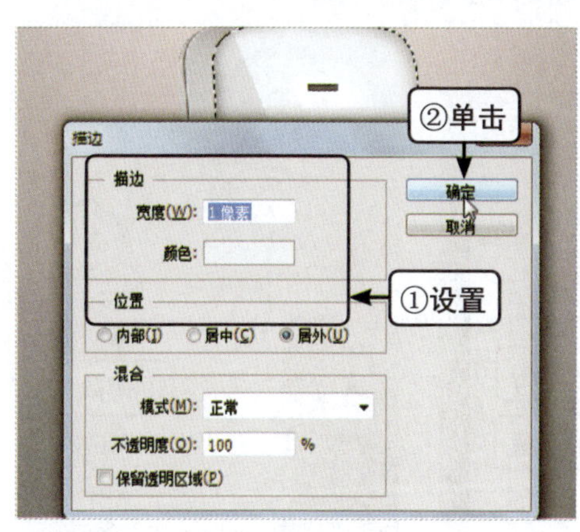

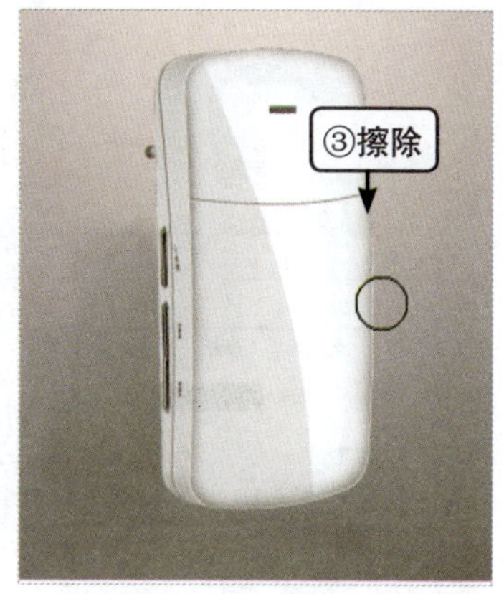

图 3-64

新建空白图层，调出蓝牙耳机正面的选区，按【Alt+E+S】组合键打开描边对话框，设置描边的宽度、颜色和位置，单击“确定”按钮，使用橡皮擦工具擦除不需要的边，如图 3-65 所示。

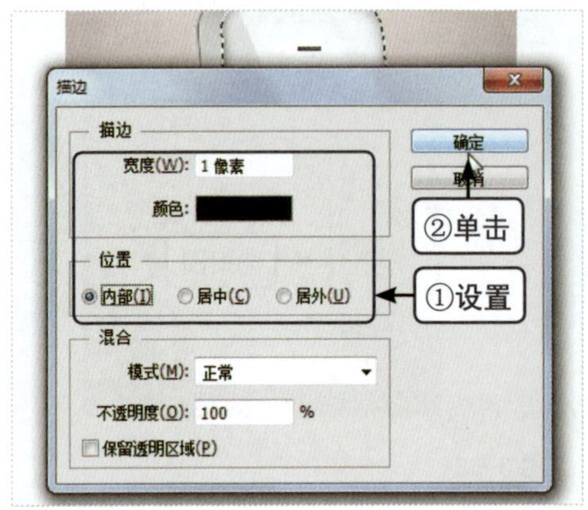

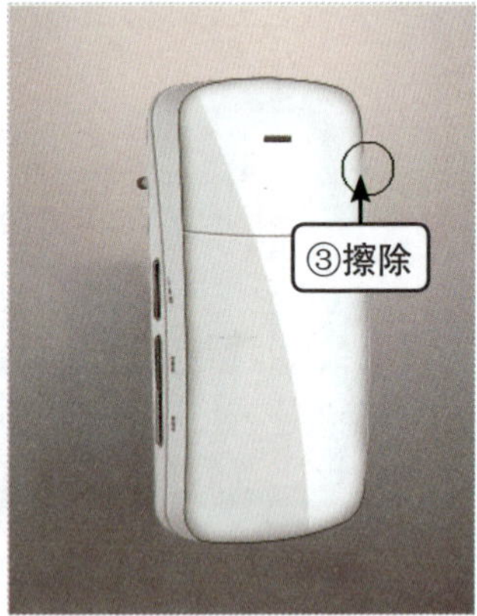

图 3-65

使用同样的方法为整个蓝牙耳机的外边缘描一条黑色的边，使用橡皮擦擦除不需要的部分并降低图层透明度，如图 3-66 所示。

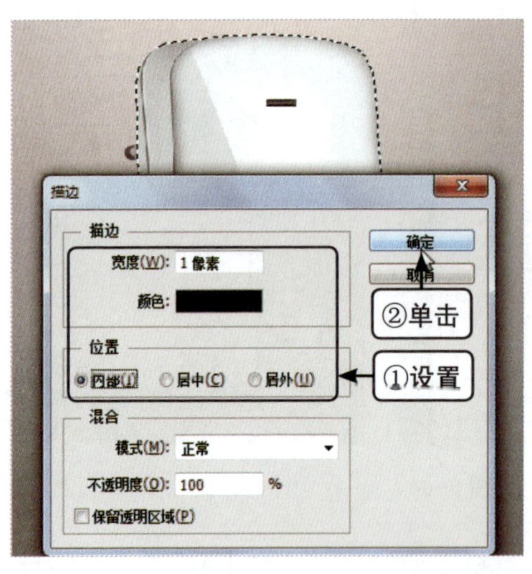

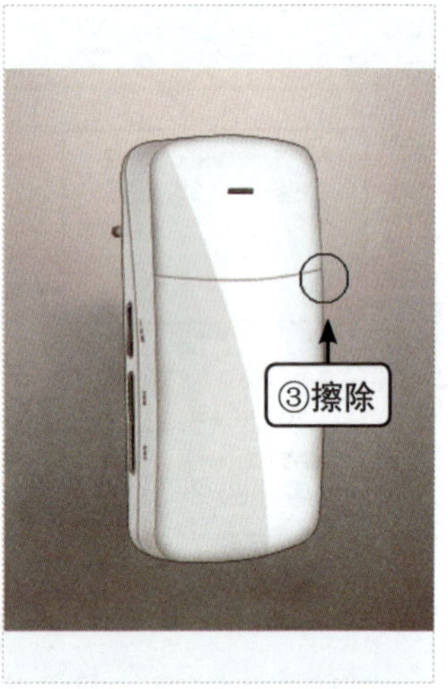

图 3-66

选择蓝牙耳机侧面的 USB 接口图层，按【Ctrl+L】组合键，在打开的对话框中滑动滑块，调整色阶，单击“确定”按钮，接下来调整产品的整体明暗光影关系，如图 3-67 所示。

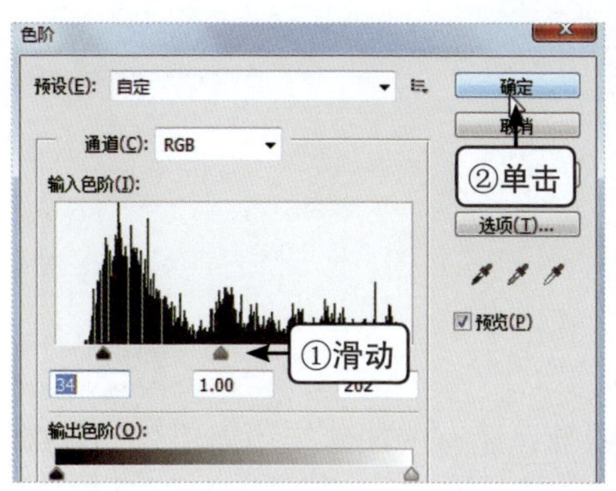

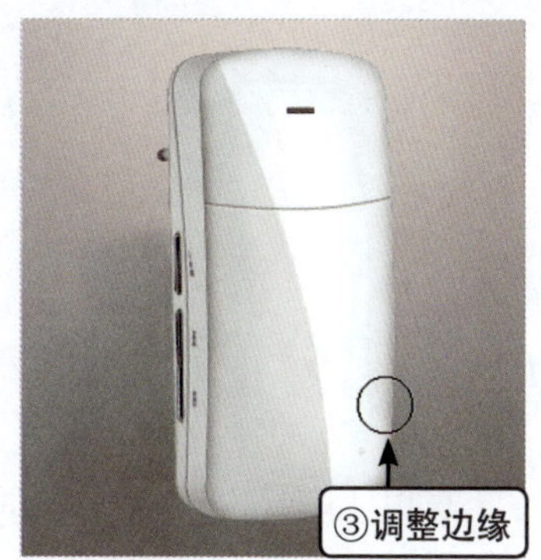

图 3-67

新建空白图层并填充为白色，将其置于背景图层的上方。再次调整产品的整体明暗光影关系，这里减淡明暗光影，如图 3-68 所示。

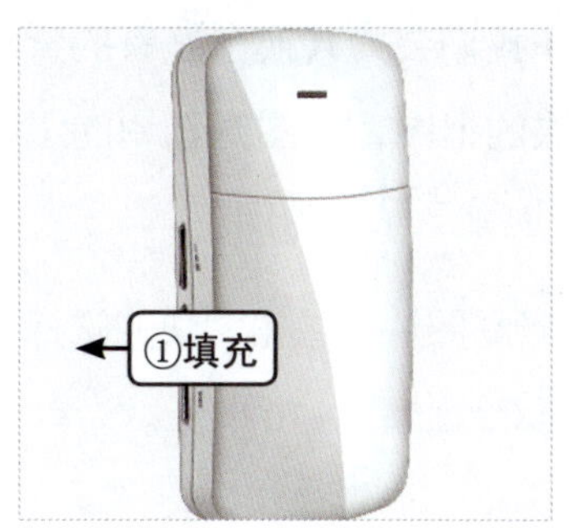

图 3-68

最后为产品添加阴影，原图和修图后的对比图，如图 3-69 所示。

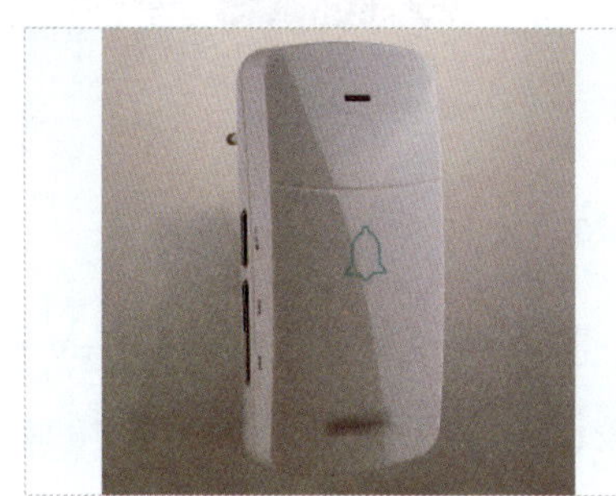

图 3-69

3.6 产品加分必修课

要想让产品图吸引买家的眼球，还有些加分技巧需要我们掌握，比如给产品加个炫酷背景、为产品加点装饰元素等。

3.6.1 给产品加个炫酷背景

有时为了让产品看起来更好看，我们会为其换个好看的背景。换背景的第一步是我们前面使用过多次的抠图，抠图时选用的工具要根据产品图的具体情况来看，这里以雪地靴产品图为例。

在 Photoshop 中打开一张雪地靴产品图片，单击“快速选择工具”按钮，把光标放在产品图像上选取选区，如图 3–70 所示。

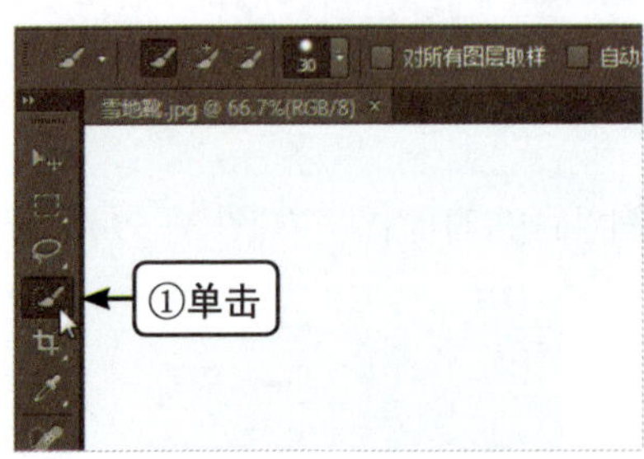

图 3–70

按【Ctrl+X】组合键剪切选区，打开背景素材，按【Ctrl+V】组合键粘贴选区。单击“移动工具”按钮，将商品移动到背景中的合适位置，如图 3–71 所示。

图 3-71

3.6.2 给产品加点装饰元素

当产品图片看起来比较单一时，可以去素材网站下载可用的素材，将素材元素搭配在图片中，使图片看起来更好看，这里以添加果汁和柠檬为例。

打开产品图片和素材文件，按【Ctrl+A】组合键全选素材，按【Ctrl+C】组合键复制素材，切换至产品图像窗口，按【Ctrl+V】组合键粘贴素材并将素材移动到合适位置，如图 3-72 所示。

图 3-72

此时素材看起来并没有和产品背景融为一体，这里为其添加阴影，让其看起来更自然。单击“创建新图层”按钮新建空白图层，将新图层重命名为阴影，将其移动到素材图层下方，如图 3-73 所示。

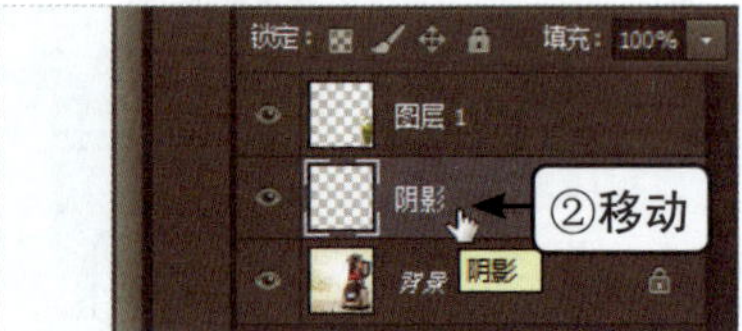

图 3-73

选择“椭圆工具”命令，并绘制一个椭圆，如图 3-74 所示、

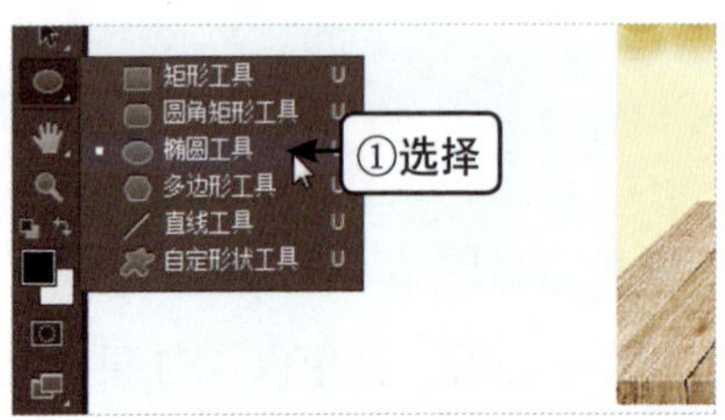

图 3-74

在“滤镜”下拉列表中选择“模糊 / 高斯模糊”命令，在打开的对话框中单击“确定”按钮，如图 3-75 所示。

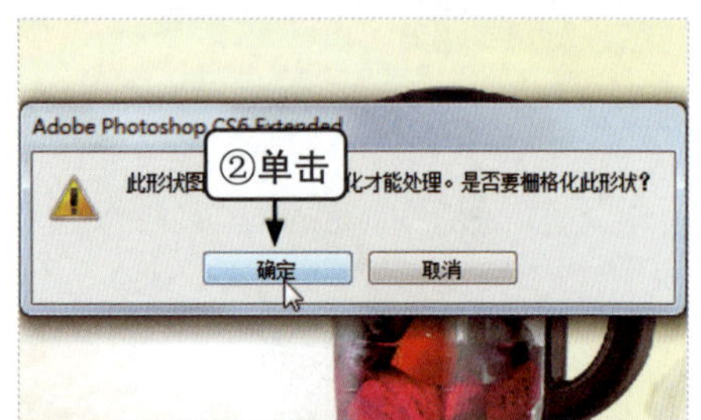

图 3-75

在打开的“高斯模糊”对话框中调整半径，再单击“确定”按钮。将阴影移动到合适位置，如图 3-76 所示。

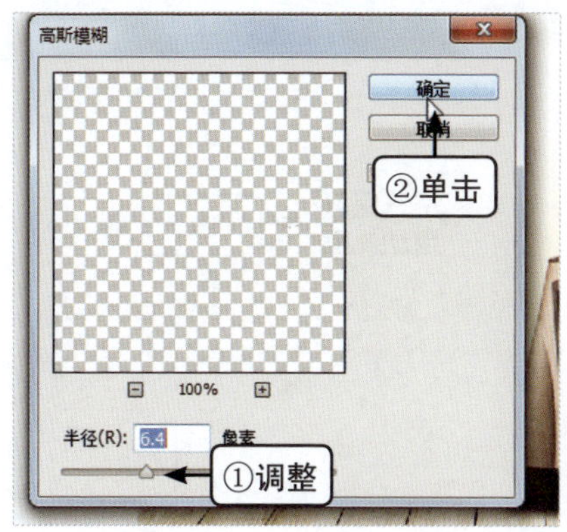

图 3-76

用同样的方法添加“柠檬”素材，原图与最终效果图对比如图 3-77 所示。

图 3-77

3.6.3 给产品添加文字

没有文字的产品图会让买家不清楚产品的卖点，也会让图片看起来略显乏味，图 3-77 就是没有文字的产品图，看起来很单调，所以好看的产品图还要好看的文字来搭配。

打开一张需要添加文字的产品图，单击“横排文字工具”按钮，然后输入文字内容，如图 3-78 所示。

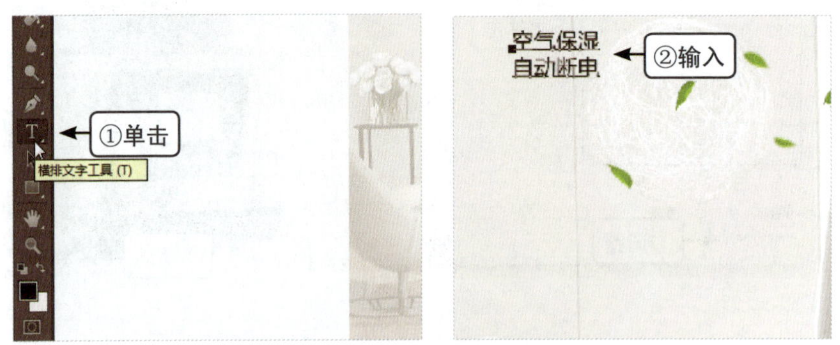

图 3-78

全选文字，在字体菜单栏中设置字体样式和字号，设置完成后单击“√”按钮，如图 3-79 所示。

图 3-79

完成设置后将文字移动到合适的位置，新建空白图层，选择“椭圆工具”命令，绘制圆形，如图 3-80 所示。

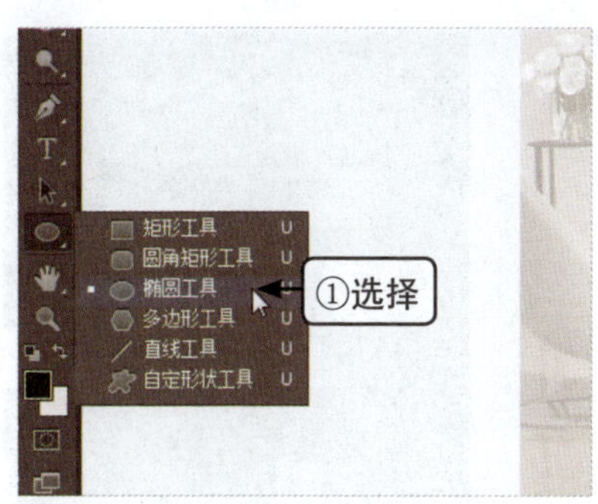

图 3-80

单击“设置前景色”按钮，在打开的“拾色器”对话框中选择红色，单击“确定”按钮，如图 3-81 所示。

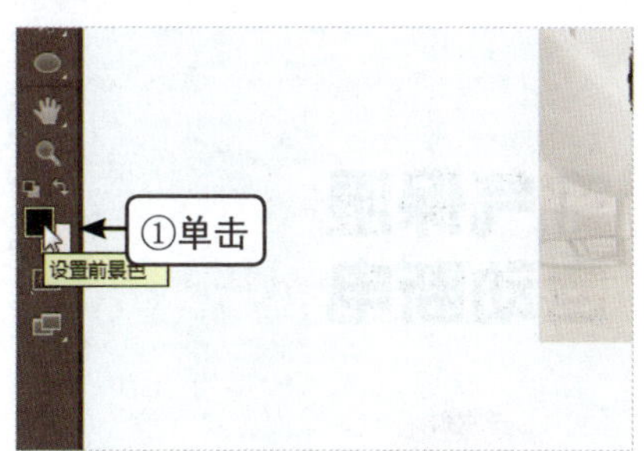

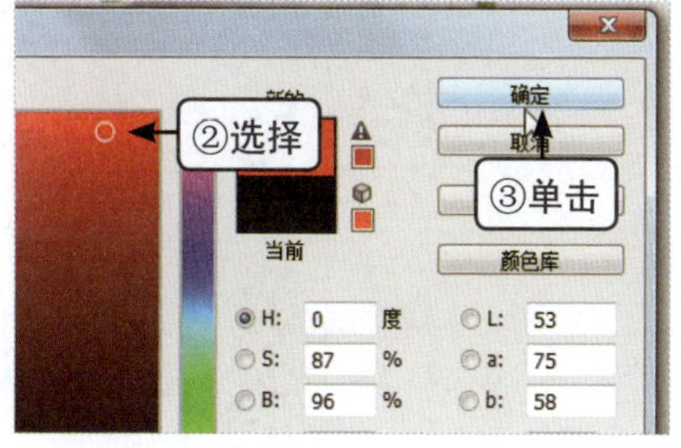

图 3-81

选择“油漆桶工具”命令，将鼠标光标定位在圆形图形中，单击，在打开的对话框中单击“确定”按钮，如图 3-82 所示。

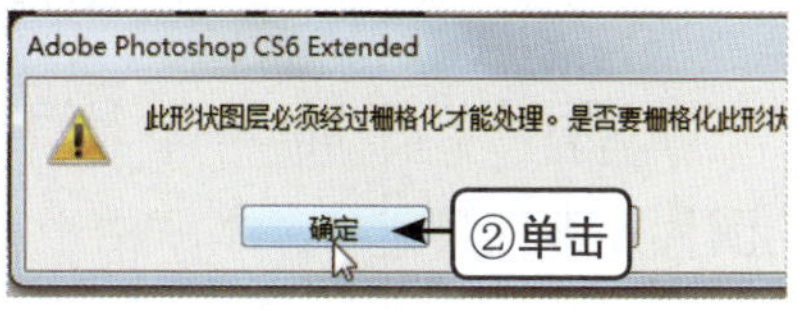

图 3-82

再次单击将圆形图形填充为红色，并设置图形不透明度，如图 3-83 所示。

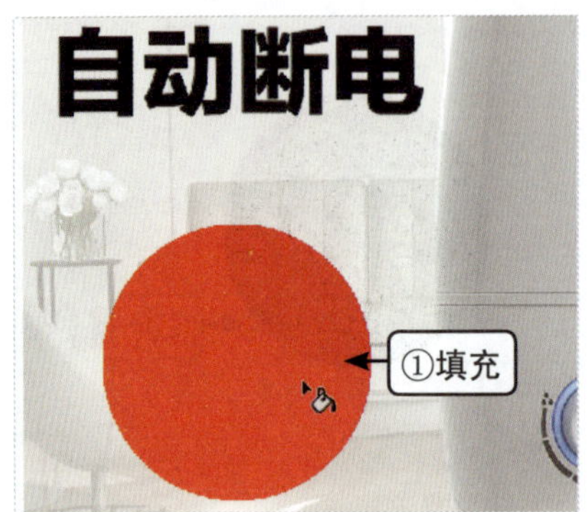

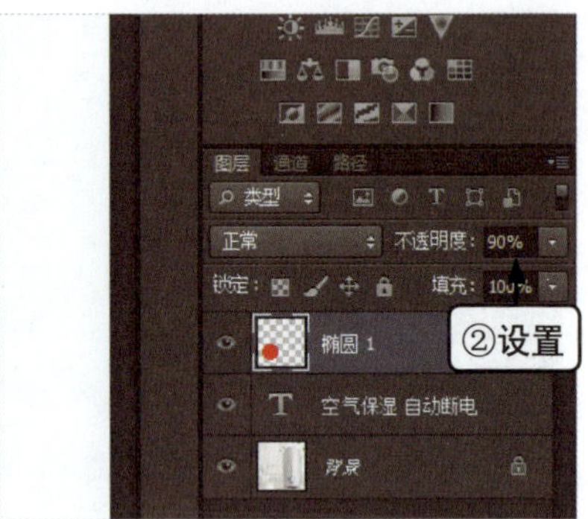

图 3-83

按照同样的方法添加“促销价 459”文字内容，原图与最终效果图对比如图 3-84 所示。

图 3-84

再说明一下，Photoshop 是目前使用最为广泛，也是功能最为强大的图片处理工具之一，本章由于篇幅有限，只是针对其网店图片优化的部分功能应用做了介绍，要想成为一名合格的视觉营销相关工作的人员，Photoshop 软件是必须要深入学习和掌握的，建议读者另外购买专业的相关书籍进行强化学习。

视频制作：多感官体验产品

在网店中放上产品主图视频，将使宝贝的展示更为直观，更有吸引力。对于没有接触过视频制作的卖家来说，可能会觉得产品视频的制作十分困难，但实际上只要学会使用相关的视频制作软件，视频的制作也没有我们想象的那么难。

4.1 视频拍摄和图片拍摄一样简单

拍摄视频和拍摄图片看起来似乎不同，但两者实际上有相似之处，因为视频其实是由一张张图片快速、连续播放而成的。

4.1.1 如何拍摄和制作产品视频

淘宝网店中，产品短视频的展示位置一般有两个，一个是产品主图中，另一个是宝贝详情页面中，如图 4-1 所示。

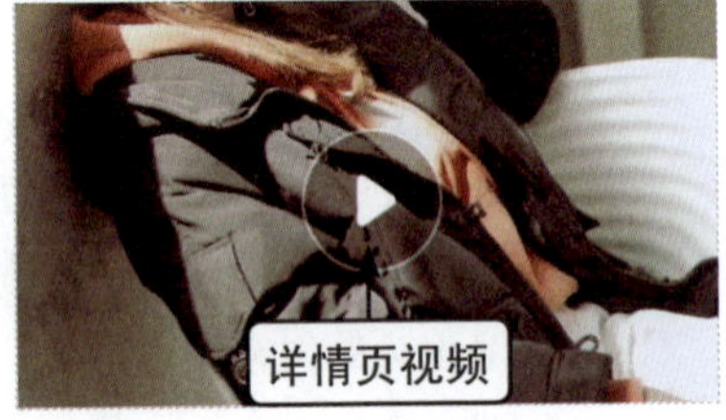

图 4-1

产品视频可以用手机进行拍摄，也可以用专业的摄影工具来拍摄，如单反相机、摄像机等。使用手机拍摄时最好再准备三脚架、小型滑轨和手持稳定器等辅助设备，以帮助我们更好地完成视频的拍摄。使用单反相机和摄像机能拍出画质更好的视频，只是成本较高。

除了以上方法外，还可以使用主图视频生成工具生成视频。下面以甩手工具箱（http://www.shuaishou.com/）为例，来看看如何制作主图视频，卖家可在甩手工具箱网站下载并安装甩手工具箱。

安装并打开甩手工具箱，在“起始页”的“其他”选项卡中单击“制作主图视频”按钮，系统会自动安装“制作主图视频”工具，单击“制作主图视频”选项卡，如图 4-2 所示。

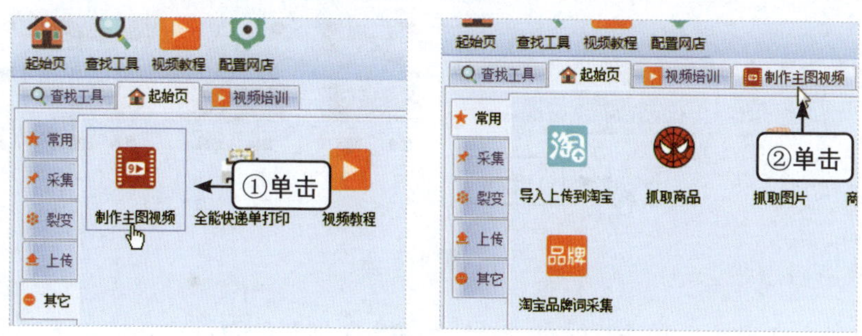

图 4-2

在打开的页面中选择制作范围，比如选中“批量制作”单选按钮，在打开的文本框中输入宝贝详情页地址，再单击“下一步”按钮，如图 4-3 所示。

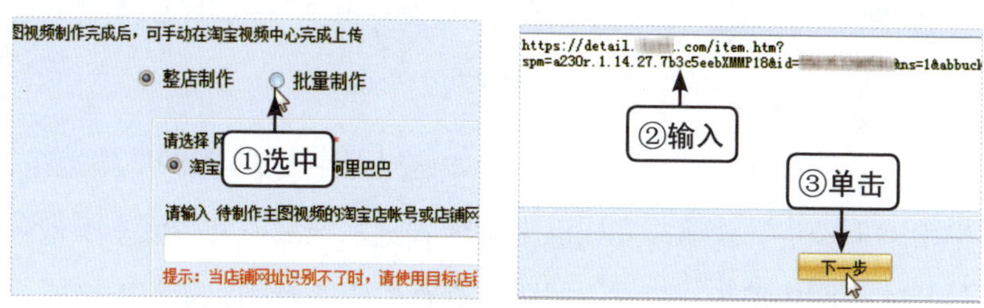

图 4-3

选中商品链接前的复选框，单击“下一步”按钮，如图 4-4 所示。

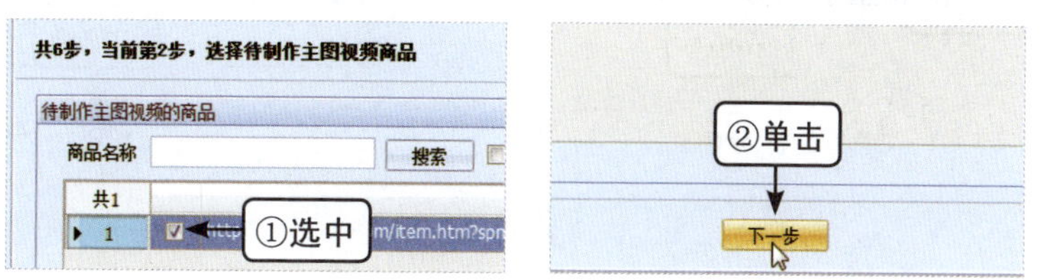

图 4-4

单击“更改设置”超链接，在打开的页面中单击“删除”按钮可删除不需要的图片，单击“替换”按钮可替换当前图片，如图 4-5 所示。

图 4-5

完成设置后单击“保存设置”按钮，在打开的页面中单击“下一步”按钮，如图 4-6 所示。

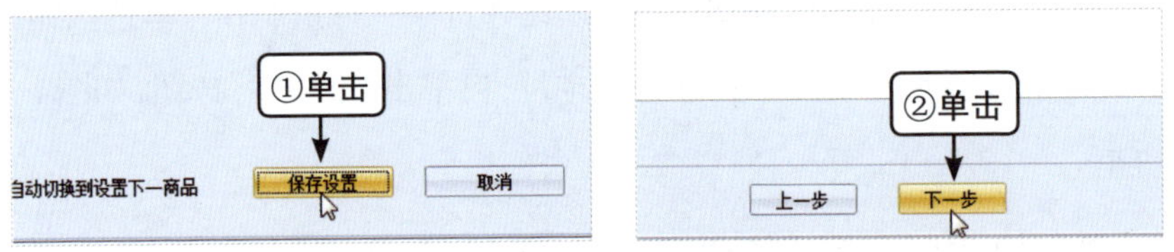

图 4-6

在打开的页面中选择视频尺寸，如这里选中“400×400”单选按钮，再单击“下一步”按钮。完成以上步骤后，系统会自动生成主图视频，在打开的页面中单击“查看”按钮可查看生成的视频，如图 4-7 所示。

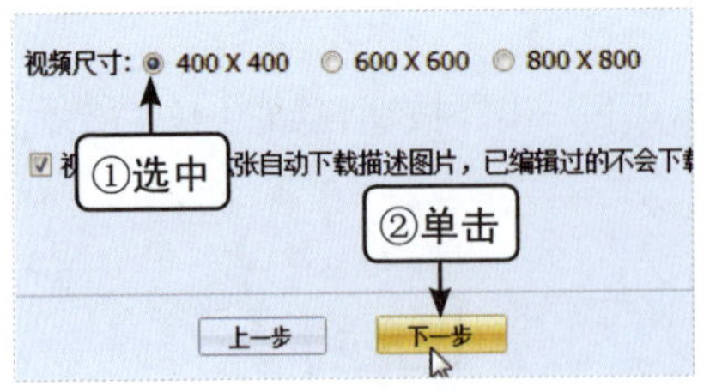

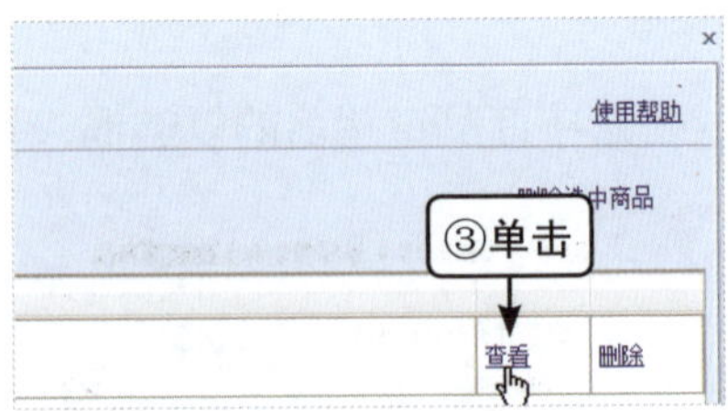

图 4-7

4.1.2 视频构图全知道

使用视频生成工具生成的视频有时并不能达到我们的要求，因此只能通过拍摄来获得产品视频。在拍摄产品视频的过程中，还要运用一些构图技巧，这样会让拍出来的视频更美。

◆ 三分构图法

三分构图法是指把画面的横向和纵向平均分成 3 份，横向线条和纵向线条的交叉处叫作趣味中心，在拍摄视频时，要尽量将主体事物安排在趣味中心的附近，如图 4-8 所示。

图 4-8

◆ 对角线构图

对角线构图是指将主体安排在画面的对角线上，这样的构图方式能够得到很好的纵深效果和立体效果，同时，画面中形成的线条还能起到吸引视线的作用。

如图 4-9 所示为运用对角线构图法拍摄的马克杯产品图片，可以看出其营造出了纵深感。

图 4-9

◆ 对称式构图

对称式构图是指将主体放在画面的正中，使画面形成对称关系。这种构图方式能给人带来稳定、正式和均衡的视觉感受，如图 4-10 所示。

图 4-10

4.1.3 拍摄角度的秘密

为了给买家呈现出更全面的产品形态，在拍摄产品视频时还要学会运用不同的拍摄角度，常用的拍摄角度有平摄、俯摄和仰摄等。

◆ 平摄

平摄是指摄像机与被摄产品处于同一水平线上，这样的拍摄方式可以拍摄商品的正面、侧面和斜面，如图 4-11 所示为用平摄的拍摄方式拍摄的产品正面图。

图 4-11

◆ 俯摄

俯摄是指摄像机从商品的上方向下拍摄，这种拍摄方式能展示被拍摄商品的顶面，如图 4-12 所示为俯摄效果图。

图 4-12

◆ 仰摄

仰摄是与俯摄相反的一种拍摄方式，是指摄像机从下往上拍，如图 4-13 所示为仰摄方式拍摄的吊灯。

图 4-13

4.2 视频制作软件总有一款适合你

虽然在网店中展示的视频时间并不长，但同样要保证其效果，另外，有时还需要为视频添加文字，调整视频的色温、色调及饱和度等，这些都要通过视频制作软件来实现。

4.2.1 美拍，玩出产品视频

美拍（http://www.meipai.com/）是手机短视频制作软件，使用美拍可以拍摄时长为 10、15、60 秒以及 5 分钟的短视频。在淘宝网中，很多中小卖家都用美拍来拍摄产品视频，如图 4-14 所示为用美拍拍摄的产品主图视频。

图 4-14

在使用美拍拍摄视频的过程中，可以选择不同滤镜，让拍摄的视频达到我们想要的效果，如图 4-15 所示。

图 4-15

对于已拍摄好的视频，可以直接在美拍中进行编辑。可编辑字幕、嘻哈特效、加速和剪辑，若要剪辑则点击“剪辑”按钮，在打开的页面中即可剪辑视频，如图 4-16 所示。

图 4-16

4.2.2 会声会影，玩转视频编辑

会声会影是一款强大的视频制作、剪辑软件，具有多种视频编辑功能和制作动画效果。会声会影有多个版本，包括 X5、X7、X8、X9 和 X10，如图 4-17 所示为用会声会影制作视频的步骤。

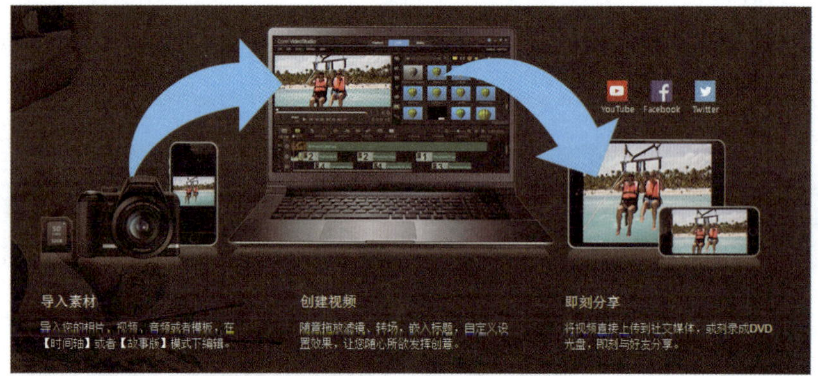

图 4-17

会声会影使用起来并不难，打开会声会影后，在视频上右击，如果要插入视频就选择“插入视频”命令，如果要插入图片则选择“插入图片”命令，打开视频或图片后即可进行编辑。

在会声会影 X9 中，为用户提供了多种滤镜效果，在对视频进行编辑时，可以通过应用滤镜为视频添加特效。打开滤镜后，只需拖动滤镜到相应的素材上即可应用滤镜。

在会声会影官方网站（http://www.huishenghuiying.com.cn/）上为用户提供了免费的视频教程和图文教程，可以通过阅读这些教程了解会声会影的使用技巧，如图 4–18 所示为视频教程。

图 4–18

另外，用户也可以在会声会影网站首页单击“模板素材”超链接，在打开的页面中下载需要的视频素材，如图 4–19 所示为素材库，可通过风格、色系、格式和版本筛选素材。

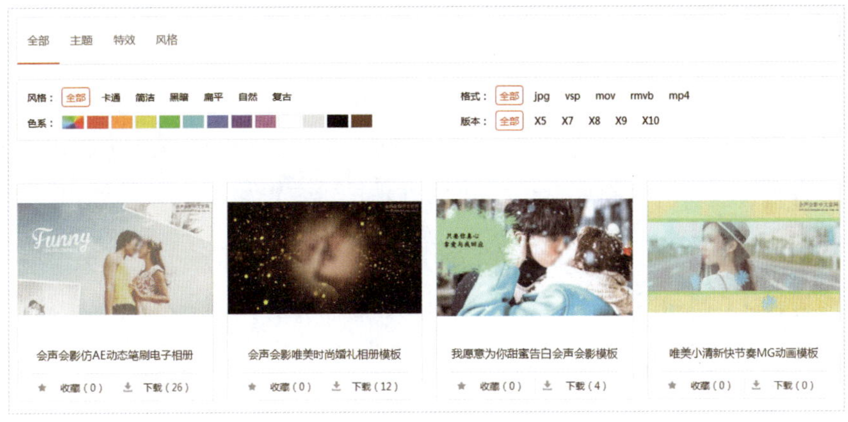

图 4–19

4.2.3 爱剪辑，视频剪辑不费劲

爱剪辑（http://www.aijianji.com/）是一款简单易用的视频剪辑软件，以更适合中国用户的使用习惯与功能需求为出发点进行全面创新设计，具有如图 4-20 所示的特点。

图 4-20

在爱剪辑中添加视频有两种方法，一种是打开视频文件所在的文件夹，将视频文件直接拖动到爱剪辑“视频”选项卡中，另一种是在软件主界面单击“视频”选项卡，在打开的页面中单击“添加视频”按钮，选择需要添加的视频即可。

添加视频后，同样可以使用两种方法剪辑视频，一种是在主界面右上角预览框的时间进度条上，单击向下凸起的向下箭头（【Ctrl+E】组合键），打开“创新式时间轴”面板后进行剪辑；另一种是双击底部“已添加片段”面板的片段缩略图，打开“预览 / 截取”对话框后，通过按【Ctrl+E】组合键调出时间轴，进行视频剪辑。剪辑视频片段的过程中，常用的快捷键如下所示。

- “+”：放大时间轴。
- “-”：缩小时间轴。

- **上下方向键**：逐帧选取画面。
- **左右方向键**：5 秒微移选取画面。
- **【Ctrl+K】或【Ctrl+Q】**：一键分割视频。

在剪辑视频时若需添加字幕，爱剪辑提供了常见的字幕特效，另外还有沙砾飞舞、火焰喷射、缤纷秋叶、水珠撞击、气泡飘过、墨迹扩散和风中音符等有特色的字幕特效，通过“特效参数”可进行字幕的个性化设置。

4.2.4 其他常用的视频制作软件

除了前面提到的视频制作软件外，Premiere 和 AE 也是不少用户常用的视频制作软件，这两款软件都是 Adobe 出品的。

- Premiere

Premiere 有 CS4、CS5、CS6、CC、CC 2014、CC 2015、CC 2017 和 Pro CC 2018 多个版本。Premiere 提供了采集、剪辑、调色、美化音频、字幕添加和输出等视频编辑功能，其可以和 Adobe 出品的其他软件高效集成，这使得我们可以制作出视觉效果惊人的视频。新版的 Premiere Pro CC，在功能上新增了以下功能。

同时处理多个项目。可在多个片段或场景之间跳转，可编辑某一项目的部分内容并将其复制到其他项目中。

具备锁定功能的共享项目。处于同一设施之中工作的团队可以同时访问单个项目。如需进行版本控制，可以在进行主动编辑时锁定项目，并向其他用户授予只读访问权限。

具备前所未有的响应速度的响应式设计。动态图形可自动适应时间、比例或位置的变化，因此开头和结尾都会被保留，任何内容都不会超出框架。

◆ AE

AE（After Effects）是一款图形视频处理软件，使用 AE 可以创建出无数种引人注目的动态图形和震撼人心的视觉效果。

与 Premiere 不同的是，AE 主要用于 2D 和 3D 合成、动画和视觉效果制作，而 Premiere 主要用于视频剪辑，将 Premiere 和 AE 结合起来使用，可以制作出你想要的、视觉效果惊人的视频。

4.3 手把手教你快速上传视频

制作出满意的产品视频后，还需要将视频上传到网店中，让买家能通过视频了解到产品的卖点。

4.3.1 宝贝主图视频上传

目前，在淘宝网店中上传主图视频全部免费，3 钻以下的商家也可直接发布主图视频，但限权类目除外。自 2017 年 8 月 18 日起，原无线端的主图 60 秒视频和 PC 端 9 秒主图视频互通，统一为 60 秒以内（PC 端 9 秒提升至 60 秒）。原 PC 主图视频发布后，可以同时在手机端主图展现，无须分开发布。

卖家可以在两个发布后台发布主图视频，一个是卖家中心的商品发布后台，另一个是淘宝神笔详情后台。无线端商品主图视频可通过神笔工具实现，下面分别来看看如何发布主图视频。

（1）通过商品发布页面发布视频

进入商品发布页面，单击“主图视频”超链接，在打开的页面中单击“免费开启”按钮，如图 4-21 所示。

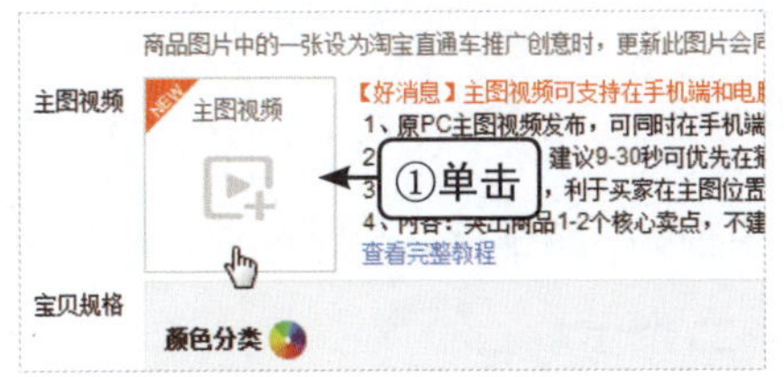

图 4-21

在打开的页面中单击“免费开启”按钮，再单击“免费开启”按钮，如图 4-22 所示。

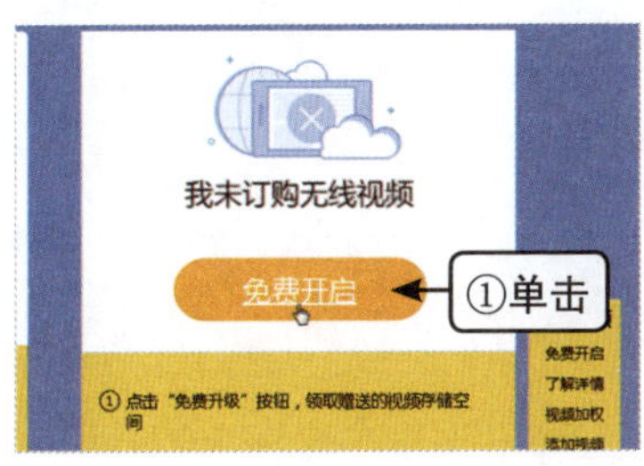

图 4-22

在打开的页面中单击“上传”按钮，在新打开的页面中单击“上传”按钮，如图 4-23 所示。

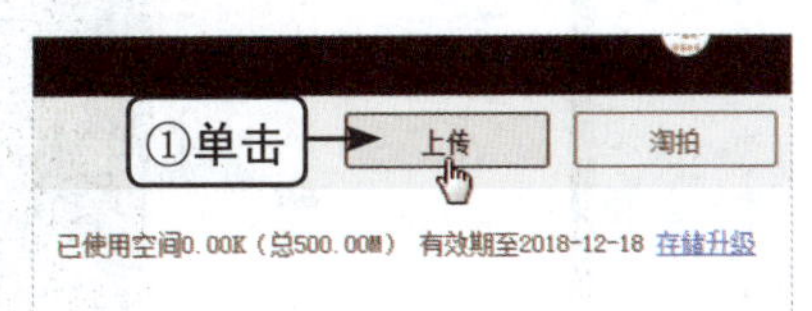

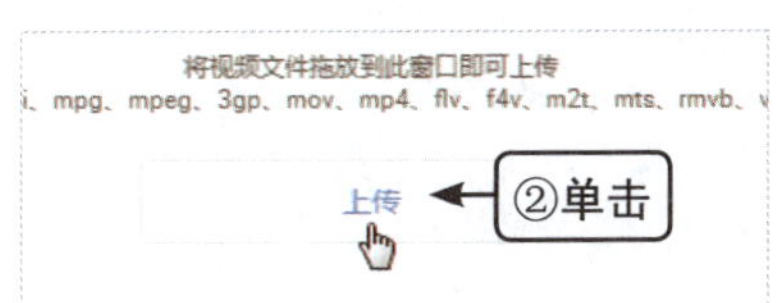

图 4-23

在电脑中选择需要上传的视频，单击“打开”按钮，上传成功后单击“确认”按钮，如图 4–24 所示。

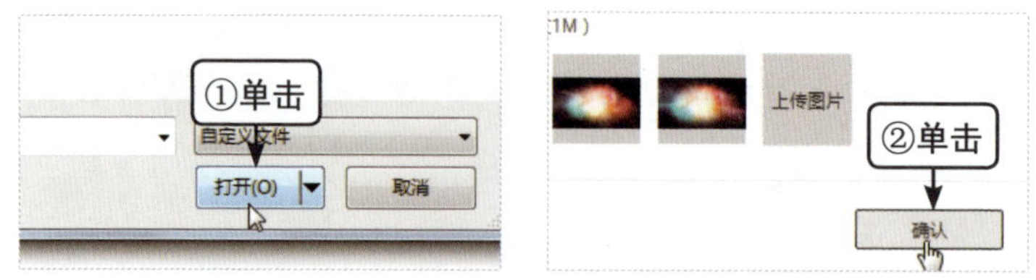

图 4–24

返回商品发布页面，单击“主图视频”超链接，选择视频，单击“确认”按钮，上传视频即可，如图 4–25 所示。

图 4–25

（2）通过淘宝神笔页面发布视频

进入淘宝神笔详情后台（https://xiangqing.taobao.com/），在“操作中心”下拉列表中选择“动态主图”选项，如图 4–26 所示。

图 4–26

在打开的页面中选择要添加主图视频的商品，单击“关联动态主图”超链接，如图 4-27 所示。

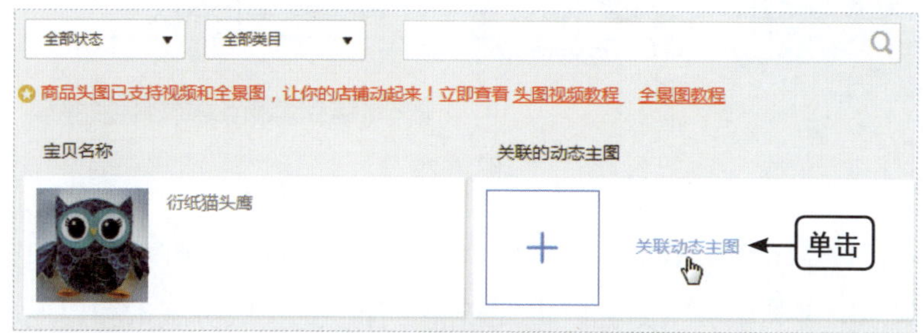

图 4-27

在打开的“关联动态主图”对话框中单击“关联视频主图”超链接，进入“选择视频”页面，选择需要上传的视频，单击“确定”按钮，如图 4-28 所示。

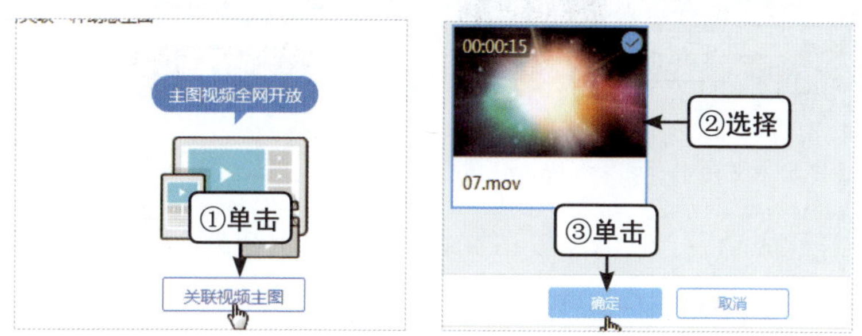

图 4-28

4.3.2 详情页视频上传

要上传视频到宝贝详情页面，首先需要在卖家服务市场订购视频服务，下面来看看如何订购。

进入“卖家中心”，在“卖家服务”下拉列表中选择“我的服务”选项，在打开的页面中输入“淘宝视频服务”，按【Enter】键，如图 4-29

所示。

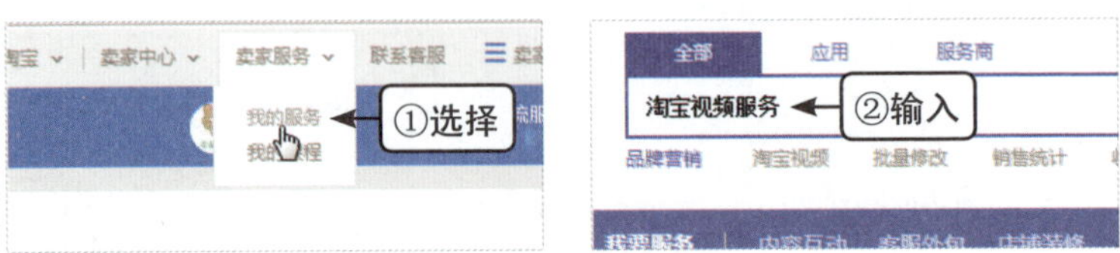

图 4-29

在搜索结果中单击“淘宝视频服务”超链接，在打开的页面中单击“淘宝视频服务”图标后进入新的页面，选择服务版本和周期，单击“立即购买”按钮订购，如图 4-30 所示。

图 4-30

订购成功后，在商品发布页面单击“宝贝视频”超链接即可上传详情页视频，如图 4-31 所示。

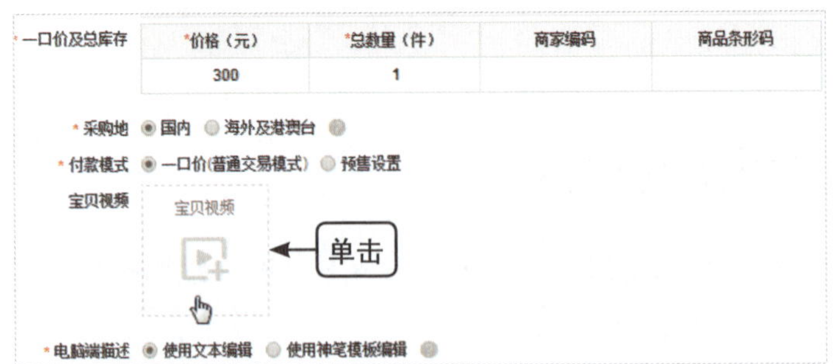

图 4-31

店铺首页：网店的精神集中地

网店首页是卖家向买家展示店铺整体品牌形象的集中地，也是店铺流量的中转站，一个美观又有吸引力的首页会让买家在网店停留更长的时间，最终促成买家下单。因此在网店的视觉营销中，首页的营销是重中之重。

5.1 设计店招和导航条，就是这么简单

店招和导航条相当于网店的招牌，网店叫什么？销售的商品是什么？通过店招和导航条就可一目了然。

5.1.1 10分钟设计店铺专属LOGO

LOGO是网店的形象标志，具有简洁、明确和一目了然的视觉传递效果，其形式一般有两种。

◆ 文字LOGO

文字LOGO是由文字或拼音构成的，也是网店中使用最多的LOGO形式，如图5-1所示为不同网店的文字LOGO。

图 5-1

◆ 图形LOGO

图形LOGO是由图案构成的一种标志，其不受语言的限制，一般具有一定的含义，如图5-2所示为两家网店的图形LOGO。

图 5-2

目前，有不少网站都提供了 LOGO 在线生成工具，利用这些工具就可以快速制作出自家店铺的专属 LOGO，下面以 U 钙网为例。

进入 U 钙网首页（http://www.uugai.com/），输入网店店名、中文或英文标语，单击“开始免费设计 LOGO”按钮，如图 5-3 所示。

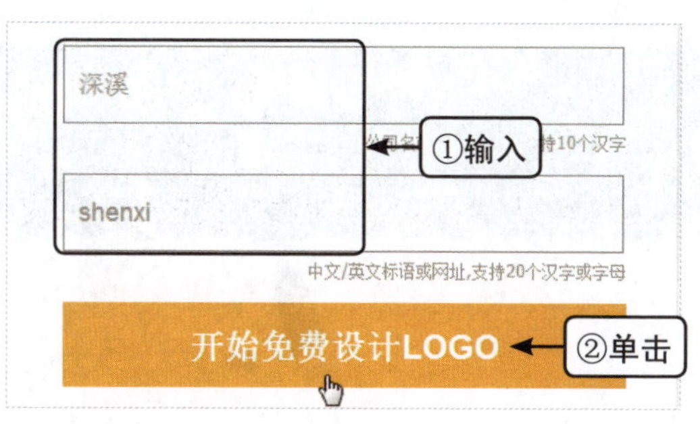

图 5-3

在打开的页面中即可查看到 LOGO，若不满意，可更改 LOGO 主字体和副字体，如图 5-4 所示。

LOGO主字体 选择LOGO字体组合 LOGO副字体
深溪 深溪 深溪 深溪 选择 深溪 深溪
深溪 shenxi
shenxi shenxi shenxi shenxi shenxi shenxi

图 5-4

网店的 LOGO 除了在线自动生成外，还可以选择专业的设计师来设计。在请他人设计店标前，要与设计师充分沟通，告诉设计师网店的经营内容和整体的定位等。

5.1.2 店招与导航条的设计标准

店招和导航栏是网店的招牌，也是店铺的最佳广告位，不管买家进入网店的哪个页面，都能看到店招和导航栏。如图 5–5 所示为不同网店的店招和导航栏。

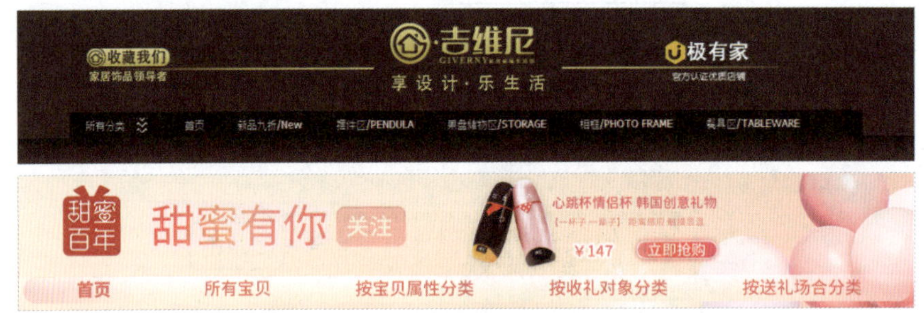

图 5–5

作为网店的黄金展示位，店铺招牌的设计要遵循两个要求，一是要直观地告诉买家店铺卖的是什么，二是要明确网店的特点和优势。因此，网店的店招一般会包括但不限于店铺 LOGO、理念、优势、收藏以及促销方式等，导航栏则要保证分类准确，好的店招一般有以下特点。

◆ 文字和背景对比鲜明

店招上的元素应和背景形成对比，这样才能提高文字、LOGO 以及其他元素的辨识度，从图 5–6 展示的店招可以看出，其文字和背景都形成了鲜明的对比。

图 5-6

◆ 与店铺整体风格统一

店铺招牌应与店铺首页的整体风格统一，从图 5-7 展示的网店首页可以看出，店招与首页其他模块的色彩搭配看起来和谐统一。

图 5-7

◆ 元素布局合理

店铺招牌中各元素的布局应是合理的，一般来说，店铺的 LOGO 宜安排在店招的左侧或中部，因为买家的浏览习惯都是从左往右的。

另外，LOGO 的附近要有留白，这样才能凸显标识。促销信息可以根据 LOGO 的位置出现在店招的右侧、左侧或中间，促销语宜短不宜长，如果文字过多，买家会直接跳过。店铺收藏多位于页面的右侧，这便于买家点击收藏。

5.1.3 店招设计的注意事项

店招是让买家记住店铺的好阵地，在设计店招时，要注意避免犯以下几点错误。

◆ 内容过多

许多卖家甚至是美工都喜欢在店招中放很多内容，因为他们不想浪费这个重要的广告位，但堆砌了太多内容的店招不仅不能带来视觉强化的效果，反而会带来视觉疲劳。

网店的店招应以简洁为主，对于品牌型网店的店招，甚至只会展示店铺 LOGO。一般来说，网店店招只需有 1 ~ 3 个视觉关注点即可，如图 5-8 所示为只展示了店铺 LOGO 的店招。

图 5-8

◆ 颜色过于复杂

网店店招的颜色不宜花哨，要保持整洁性，一般使用 1 ~ 3 种颜色即可。纯色背景加上显眼的字体颜色，也可以让店招看起来很舒服，如图 5–9 所示。

图 5–9

◆ 重点突出不到位

根据店招的定位，店招中突出的重点也应不同。品牌型店招应重点突出 LOGO、收藏、关注按钮和店铺资质，以突显品牌实力；促销型店招在突出 LOGO 的同时，要突出优惠券、促销活动等信息，还可以加入计时器等元素，以表现促销氛围；产品推广型店招要突出主打促销产品本身，如图 5–10 所示为不同定位的店招。

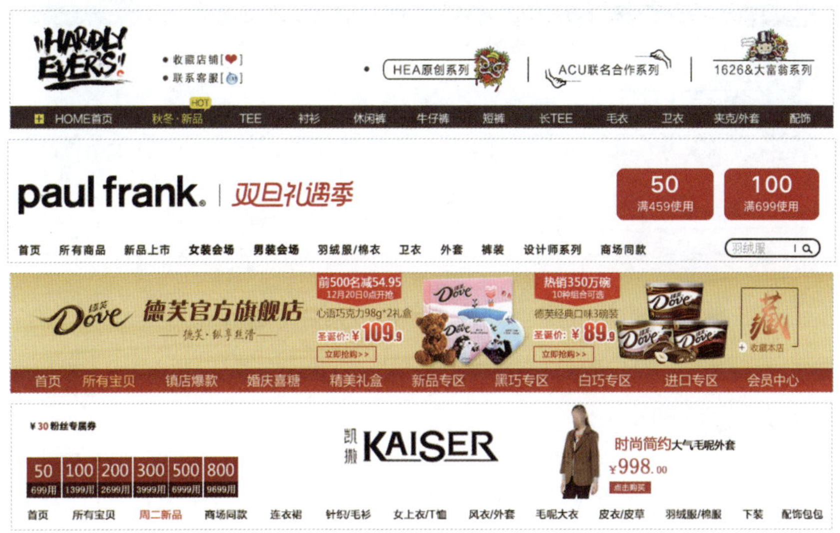

5–10

5.1.4 简单搞定导航条

导航条是网店的“指路牌”，它让买家可以清晰直观地找到他们想要的东西。网店的导航条并不复杂，在设计时只需把握 3 种颜色。

◆ 背景颜色

网店导航条的背景色可以和店招的背景色相同，也可以形成对比，或使用店招 LOGO 的颜色。如图 5-11 所示。

图 5-11

◆ 文字颜色

导航条文字的颜色要与背景颜色形成对比，这样才方便买家点击，例如图 5-11 中的白色背景配黑色文字、黑色背景配白色文字。

◆ 分割线颜色

分割线起着区分各分类的作用，它的颜色一般比较浅。但是，导航条并不一定要有分割线，如图 5-12 所示为有分割线的导航条。

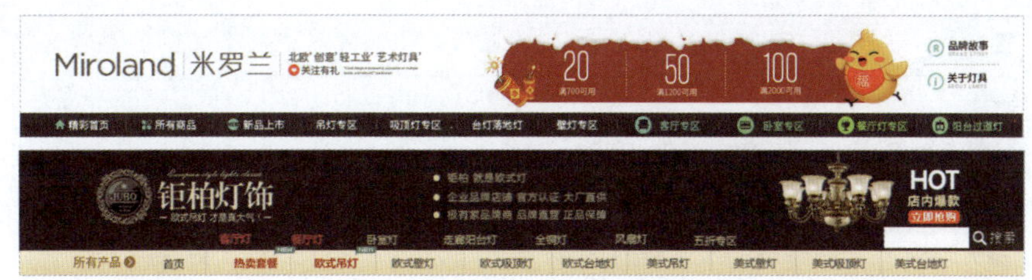

图 5-12

5.1.5 店铺导航条在线生成

在淘宝装修后台，我们只能修改导航条的分类，如果要为导航条更换颜色和式样，需要一些 CSS（CSS 也叫层叠样式表单，是用于控制网页样式并允许将样式信息与网页内容分离的一种标记性语言）代码。下面来看看如何在线生成导航条代码。

进入千图网店铺导航样式在线生成页面（http://tool.58pic.com/editnav/），分别设置主导航的高度、背景色和字号等，如图 5-13 所示。

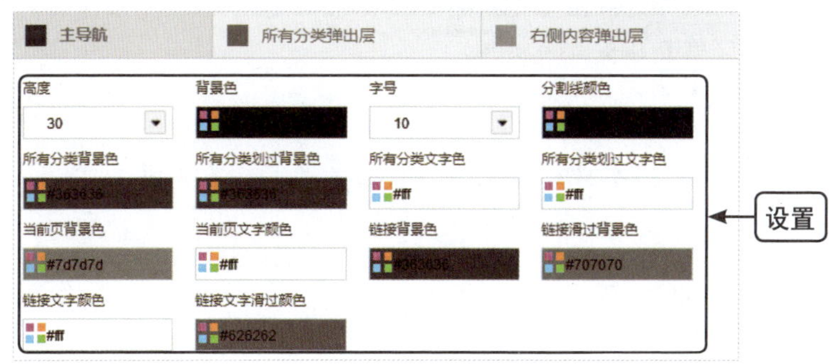

图 5-13

切换至“所有分类弹出层”和“右侧内容弹出层”选项卡，设置背景色、分割线颜色和文字颜色等，设置完成后单击“生成代码”按钮，如图 5-14 所示。

图 5-14

代码生成后复制代码，进入网店装修后台，将代码粘贴到导航编辑栏中的“显示设置”文本框中，再单击“确定”按钮即可，如图 5-15 所示。

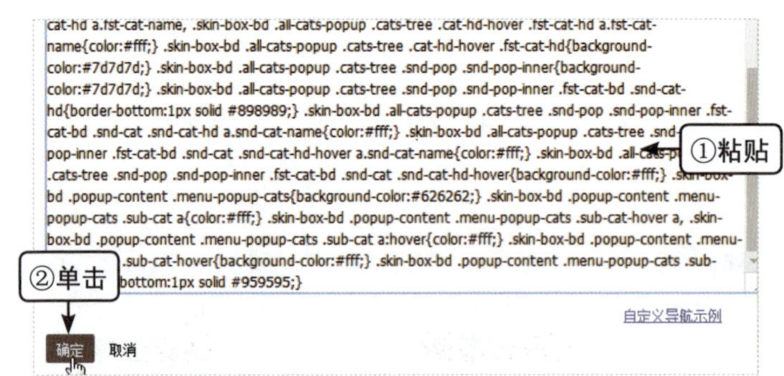

图 5-15

5.2 店铺 Banner 和海报新手指南

在网店首页，Banner 和海报占了很大一部分位置。当买家进入网店首页后，首先映入眼帘的除了店招，就是 Banner 和海报。

5.2.1 Banner 平面构成的奥秘

Banner 和海报一样都是网店首页的横幅广告，只不过 Banner 可以展示多张图（淘宝规定最多只能展示 5 张图片），而海报只能展示一张图，两者都主要用于店铺的最新单品、精彩活动或优惠推荐的展示，如图 5–16 所示为网店 Banner，可以看出其展示了 3 张图。

图 5–16

网店中，Banner 都是展示在二次元的平面上的，其一般由如图 5–17 所示的 5 种元素构成。

图 5–17

我们可以将 Banner 中的所有元素看成是平面构成中的点线面，不同元素按照美的视觉效果编排和组合，就形成了一种构成形式，元素间的编排关系有 8 种，如图 5–18 所示。

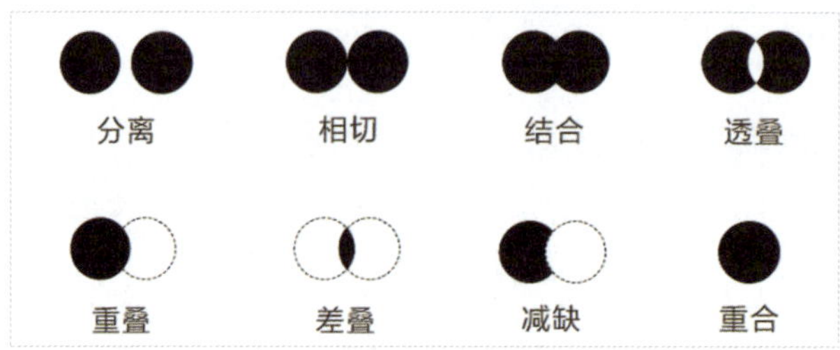

图 5-18

5.2.2 网店 Banner 设计手法

在设计 Banner 时，将元素间的编排方式放在整体上来看，Banner 各元素的常用设计手法有以下几种。

◆ 重复

这是指在同一设计中，同一元素出现两次或以上，这种设计手法给人以节奏感，使画面看起来统一协调，如图 5-19 所示。

图 5-19

◆ 近似

这指同一元素在形状、大小和色彩等方面有共同特征，近似使画面在统一中又富有变化。近似的程度可大可小，近似程度大就与重复异曲同工，近似程度小就会带来变化，如图 5-20 所示。

图 5-20

◆ 对比

对比可包括形状、大小、色彩以及位置的对比等，对比可以给人以强烈的视觉效果，让人印象深刻，如图 5-21 所示。

图 5-21

◆ 分割

这是指将一个整体分割为不同的部分，分割包括自由、等形分割，按比例或按数量分割等，如图 5-22 所示。

图 5-22

◆ 空间

这指运用大小、重叠、阴影、疏密和透视等关系，使画面具有空间感和立体感，如图 5-23 所示。

图 5-23

◆ 渐变

渐变是一种有规律性的变化，是一种常见的视觉形象，如公路两边的行道树延伸到远方会出现近大远小的视觉效果。运用渐变可以使画面更加丰富，如图 5-24 所示。

图 5-24

5.2.3 促销海报的排版样式

促销海报重点要营造热闹、低价的氛围，在排版上可以采用上下版式或居中型版式，这种版式可以使视线更聚焦。上下版式可采用文字在上，图形在下的排版方式，如图 5-25 所示。

图 5-25

居中型版式可以有很多变化，以下几种都是可以考虑的，如图 5-26 所示。

文字
背景

我是小标题
我是促销语
我是小标题

我是小标题
我是促销语
我是小标题

我是小标题
我是促销语
我是小标题

图 5-26

5.2.4 品牌型海报的排版样式

品牌型海报要多用留白，可使用一些简洁或有棱角的图形，忌噪点过多，如图 5-27 所示的几种版式都是可以考虑的。

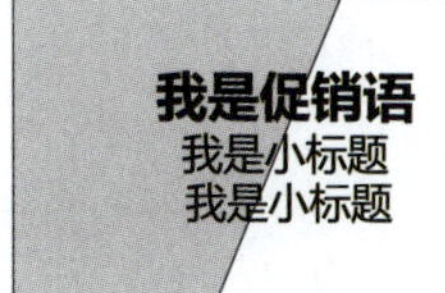

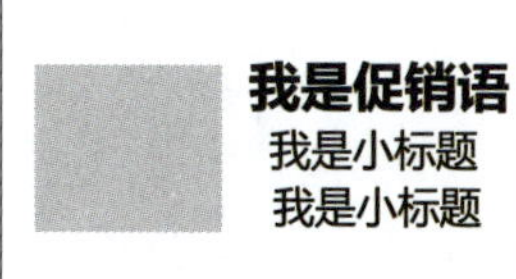

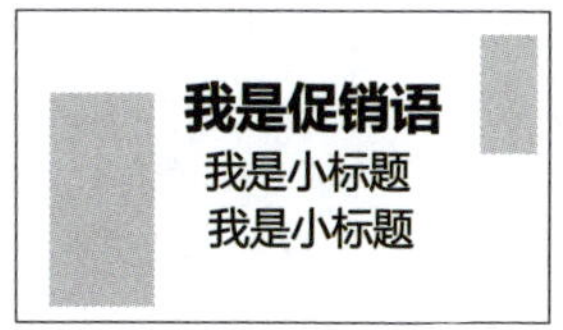

图 5-27

除以上 3 种版式外，以下几种版式也适合品牌型海报，如图 5-28 所示。

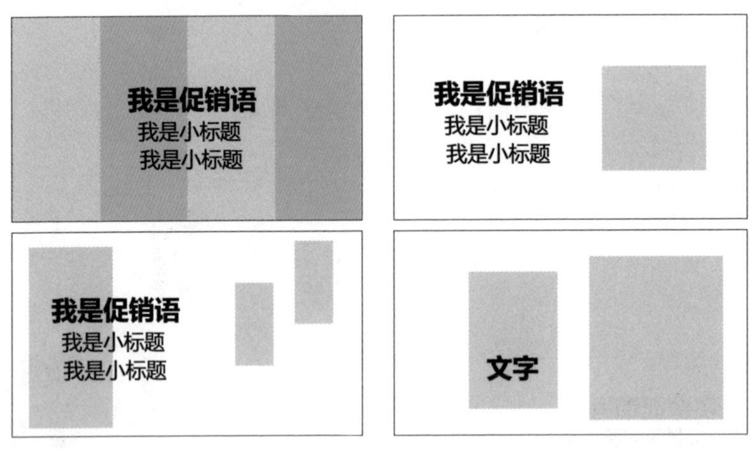

图 5-28

5.3 轻松掌握首页产品陈列

众所周知，线下商场需要通过优质美观的商品陈列来吸引客户，而网店同样需要用清晰好看的陈列来提高下单率。

5.3.1 首页产品展示技巧大公开

有的网店主反映，店铺的点击量很多，但同时跳失率也很大，其实这与产品的展示有关。很多新手卖家认为，网店首页展示的商品越多越好，实际上这是错误的认识，若首页展示的商品很多，会让买家以为自己进了一个“杂货铺”，虽然东西很多，但粗略过一遍后，没觉得能满足自己的需求，于是就转而逛别家了。

在店铺的首页，我们最好陈列主打产品、热销产品或新款。其中主打产品或新品可以以海报的形式展示，热销产品可陈列在海报的下方，这样做的目的是让有销量的商品占据好位置，突出网店的卖点。当然如果新款较多，也可以设置新品发布区域，将新品单独用一个功能模块陈列，新品可以放在第三屏，这样能让买家有新鲜感。

对于已经过季、断码或促销的商品，可以设置清仓陈列区，清仓区常常放在页面的下端，当然，有的卖家的“清仓”只是营销手段，因此“清仓”模块放在前面。

另外，每一陈列区的商品数量要合理。对于首页来说，商品的款数要精简，而分类列表页就要多放，因为这个空间的作用就是陈列商品。网店的商品如果较少，那么可以一排陈列 2 ～ 3 个产品，如果商品多，那么可以陈列 3 ～ 4 个，如图 5-29 所示。

图 5-29

商品的陈列方式除了常规的小块方格型（如上图）外，还可以有其他方式，常用的是主次分布型，即一张大图（主）配几张小图（次），如图 5-30 所示。

图 5-30

我们知道网上买家都习惯于比价，当我们把多个同类型的商品放在一起陈列时，买家也会习惯性地做比较。这里我们可以巧妙地使用陈列技巧，让商品按中、低、高的价格来排列分布，这样可以让中等价位的商品成交量增加，同时价格敏感的买家也能快速行动，通过相邻比较促进购买欲望，如图 5-31 所示。

图 5-31

5.3.2 如何让你的主推更醒目

每个网店都有几个主推产品，如何安排主推产品的位置是我们需要仔细思考的问题。我们知道，实体店中，在橱窗中陈列的商品会被第一时间注意到，因此网店中的主推产品也要放在“橱窗”中进行重点推广，网店的“橱窗”就是首页中比较靠前的位置。

要让主推产品醒目，还需要对主推产品进行“包装”，对主推产品的“包装”越显著越好，以下几点“包装”技巧能够帮到我们。

◆ 展示数据信息

在介绍主推产品时，可以加入数据信息，如用户评价、销量和收藏量等，这可以增加买家的信任感，同时，数字也更容易引起买家注意，如图 5-32 所示。

图 5-32

从上图可以看出，其将“一年热销 35 万瓶”用红色字体显示在商品的上方，使买家一眼就能够清楚产品的销量，另外，还将“35”突出显示，使数据信息更引人注目。

◆ 用海报形式展示商品

在首页展示主推产品时，我们可以一张大图只展示一个产品，将产品陈列做成类似于海报的形式，而不是像传统的陈列方式一样用小正方形整齐排列在一起。如图 5-33 所示为用海报形式展示产品和用传统形式展示产品的对比，可以看出前者比后者更吸引人眼球，也更突出产品本身。

图 5-33

◆ 醒目的横幅

对于店铺的主推产品，可以直接在首页打出“爆款”、“进店必买”、“热销”和“促销”等字样，让买家的眼光一下子就聚焦到产品上，如图 5-34 所示。

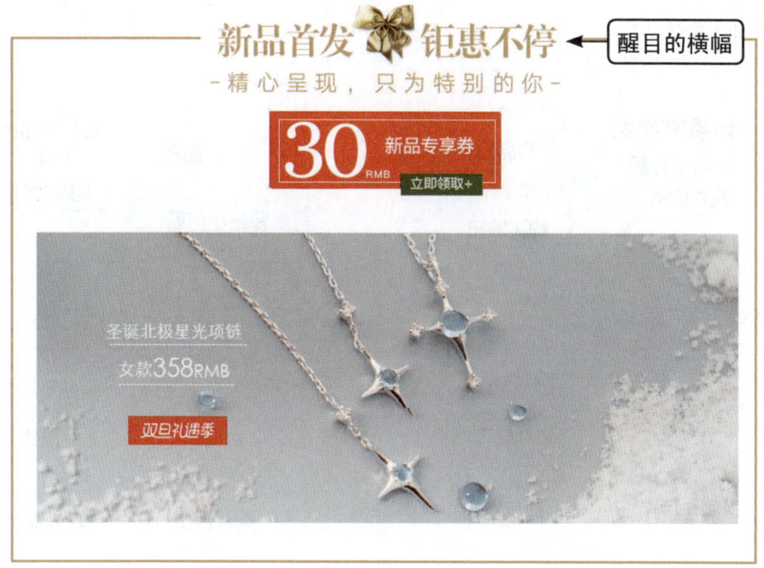

图 5-34

5.3.3 把握陈列数量让店铺更整洁

对于店铺的首页，在设计布局时一定要把握产品的发布数量，特别是前面几屏上架产品的数量。从买家的点击率来看，70% 的点击都集中在店铺首页的前三屏，因此要解决网店跳失率居高不下的问题，就要在首页的前三屏上下功夫。一般来说，前三屏的商品数量要控制在 3 ~ 15 个之间。从整个首页陈列的产品数量来看，上架产品在 30 个以内为宜。另外，若首页陈列的产品过多，也会导致页面加载速度变慢，影响买家的浏览体验。

合理的陈列数量和布局会让网店首页看起来既干净又整洁，根据每一板块陈列的产品数量来分，有如图 5-35 所示的几种布局方式可以借鉴。

陈列 1 个产品

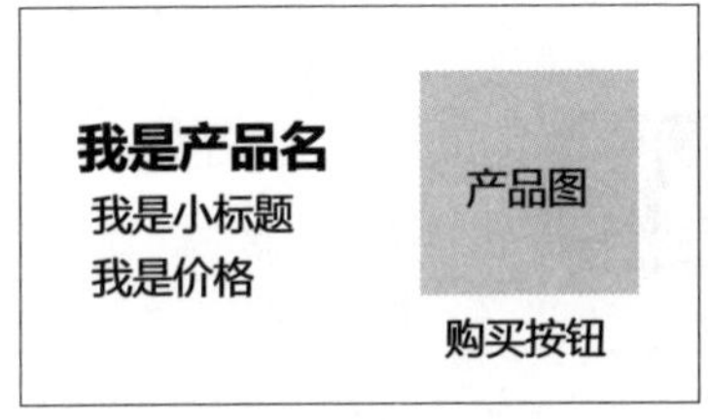

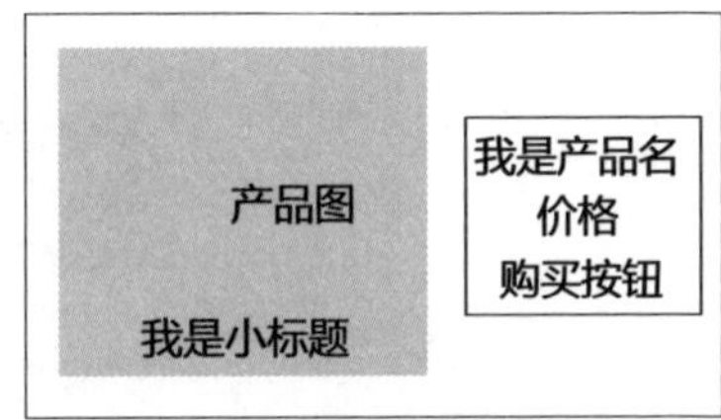

陈列 2 个产品

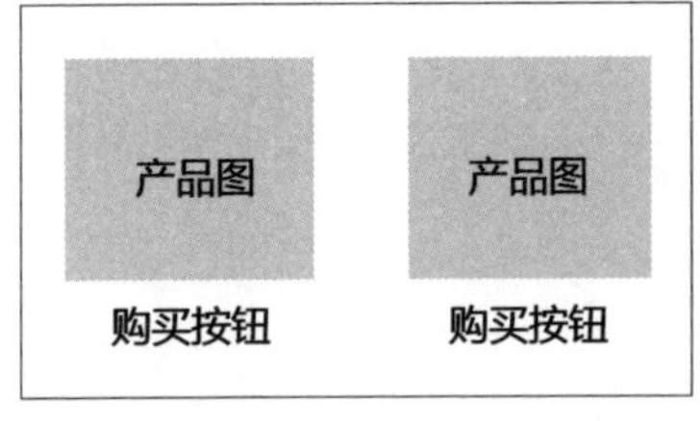

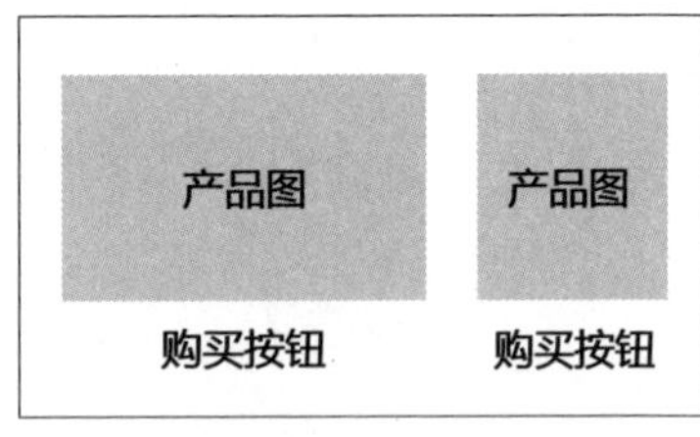

陈列 3 个产品

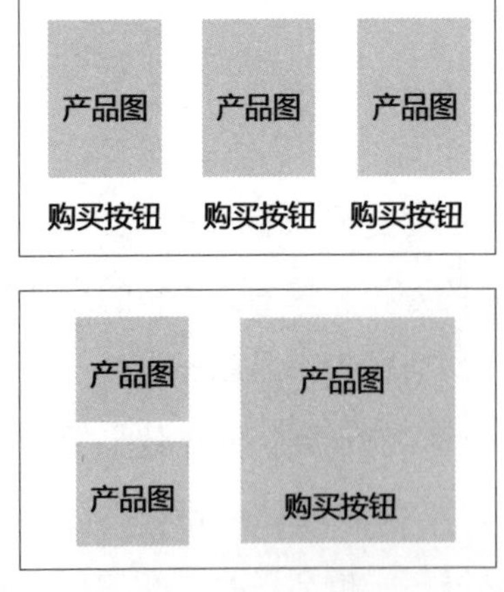

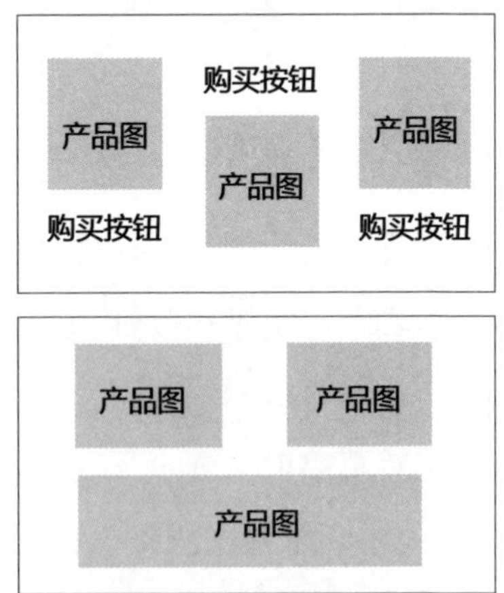

图 5-35

陈列 5 个产品

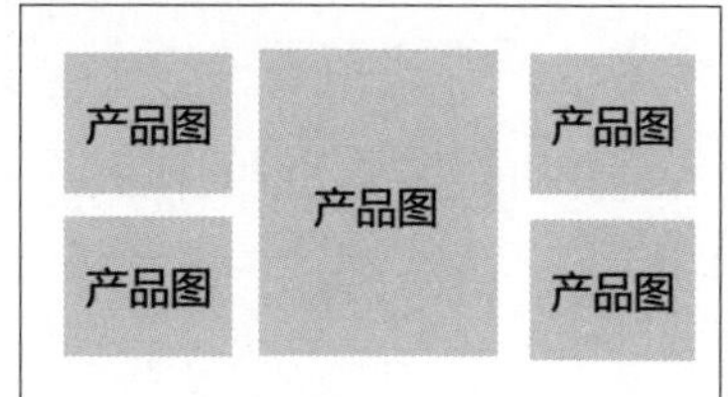

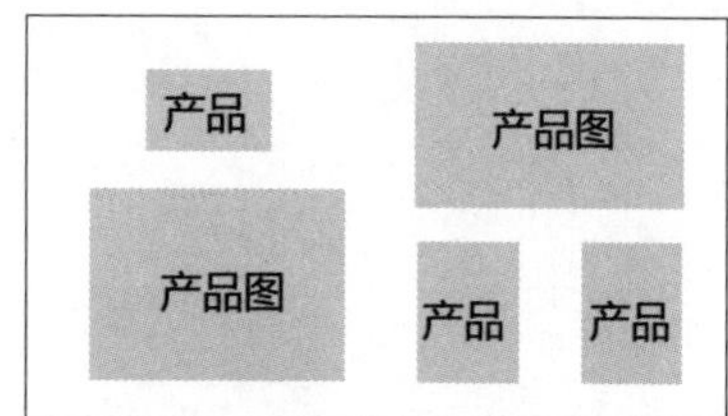

陈列 7 个产品

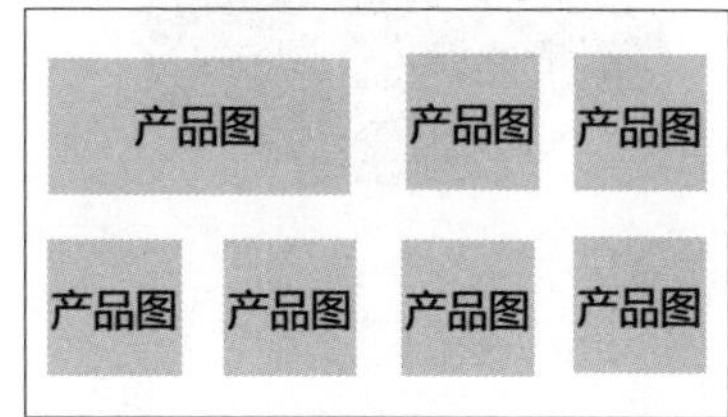

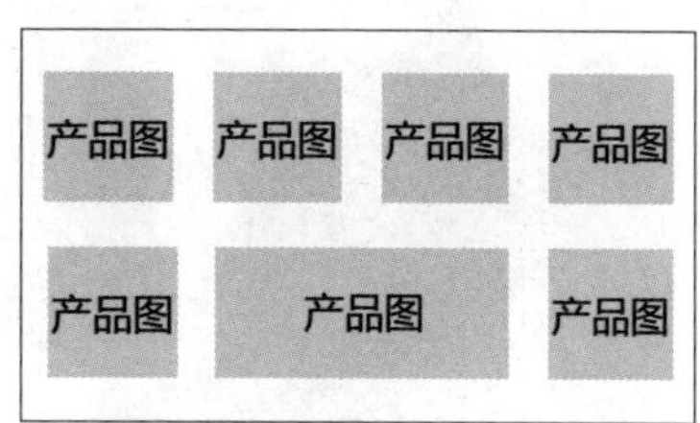

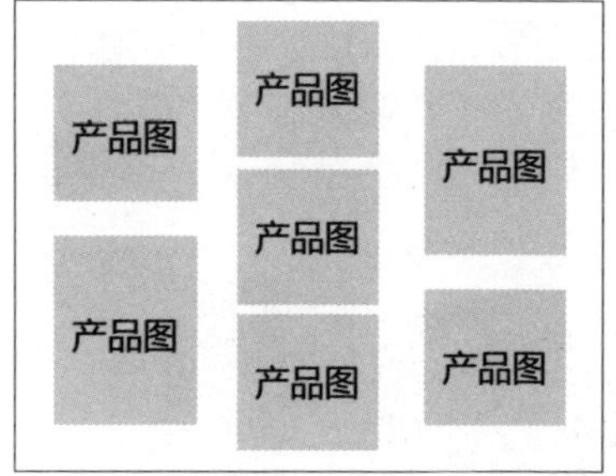

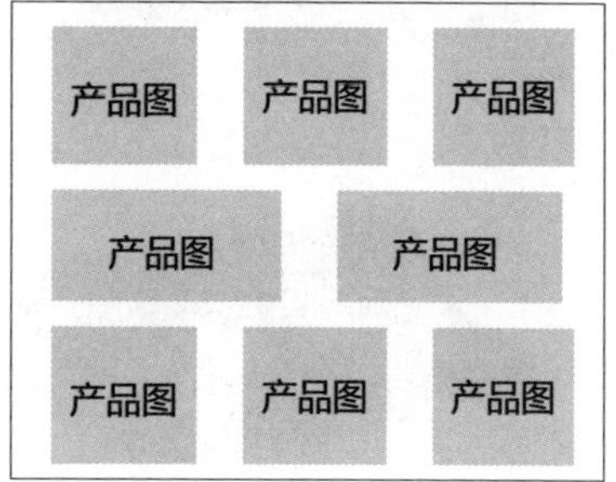

图 5-35（续）

5.3.4 留出清晰的陈列界限更专业

在店铺首页陈列产品时，可以把产品分为不同的板块，板块与板块之间用分界线进行分割，这样可以让产品的陈列看起来更专业。如可把产品分为新款、爆款、断码清仓、店长推荐或热卖尖货等板块，同一板块的产品集中陈列，不同板块则进行分割区分。分界线的样式可以有多种，常用的有以下几种。

◆ 留白分界线

留白分界线指利用留白对不同陈列区的产品进行自然分割，如图 5-36 所示为用留白分界线将热销和新品陈列区进行分割的样式。

图 5-36

◆ 文字分界线

文字分界线是指对各陈列区命名，使买家能通过标题清楚产品陈列的分区情况，如图 5-37 所示。

图 5-37

◆ 框线分界线

框线分界线指用框线将陈列区框起来，使各陈列区有明显的分界，如图 5-38 所示。

图 5-38

◆ 图片分界线

图片分界线指将分界线用图片的形式进行展示，让每个陈列区成为一个个独立的专区，如图 5-39 所示。

图 5-39

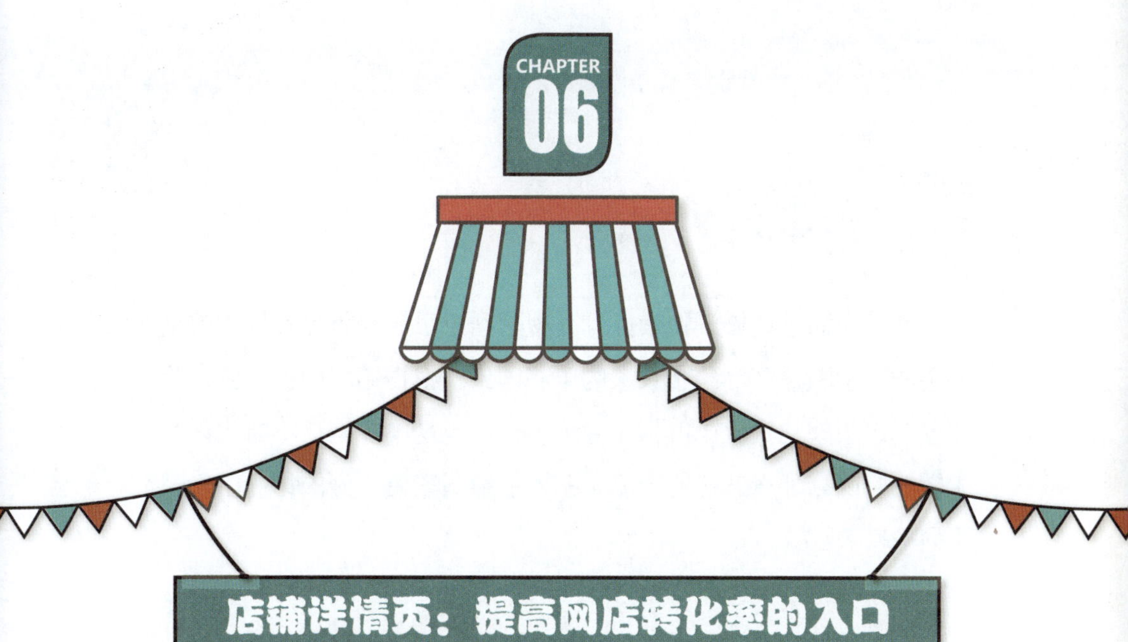

店铺详情页：提高网店转化率的入口

店铺详情页是买家了解产品性能、属性、材质以及其他特质的页面。详情页是否有吸引力和说服力，直接关系到买家是否会下单，要想网店有销量，详情页的设计和优化必不可少。

6.1
产品主图的设计秘密

当买家通过关键词搜索并打开搜索结果页后，首先看到的就是产品主图，主图是产品给予买家的第一印象。根据第一印象效应，第一印象会在买家的头脑中占据主导地位，这也是不少网店不断优化产品主图的原因。那么怎样的产品主图才能给买家留下好的第一印象呢？下面一起来看看。

6.1.1 主图背景类型全解

在视觉营销的时代，要想获得买家的点击，主图背景的设计必不可少。网店产品主图的背景有多种类型，具体有以下几种。

◆ 纯白背景

纯白背景可以让产品看起来简洁美观，也更能突出产品本身，如图 6–1 所示为纯白背景的产品主图。

图 6–1

◆ 灰色背景

灰色背景能营造空间感，相比纯白背景，有时灰色背景可以让产品看起来更有质感，如图 6-2 所示为灰色背景的产品主图。

图 6-2

灰色背景根据灰度的不同，又可分为浅灰、银灰、昏灰和深灰等，灰度越深，主图整体看起来色彩越暗。

◆ 其他纯色背景

除纯白色和纯灰色外，纯褐色、纯蓝色、纯粉色以及纯黄色等也能成为主图的背景色，如图 6-3 所示。

图 6-3

◆ 生活背景

生活背景可以让产品显得不那么单调，能够营造真实感和生活情调，如图 6-4 所示为以生活场景为背景的主图。

图 6-4

◆ 室外背景

服装类产品会较多地选择室外背景，如商业街、公园和建筑物等都可以成为背景，如图 6-5 所示为以室外环境为背景的产品主图。

图 6-5

6.1.2 突出主图卖点的 3 种方式

从前面展示的产品主图可以看出，主图并不大，且是正方形的，如何在这有限的空间中呈现出产品的卖点是我们需要重点考虑的，以下 3 种方式将帮助我们突出主图卖点。

◆ 用图说话

用图说话是指用图来说明产品的功能，如图 6-6 所示为挂钩产品主图，左图中我们可以看到一人在用力地拉扯挂钩，给买家传递牢固的产品讯息。右图中可以看到挂钩上挂了 3 桶水，淋浴喷头正在淋湿挂钩，给买家传递防水、超强力承重的产品信息。这两张图就是典型的用图说话，从图中我们就可以知道挂钩的质量。

图 6-6

◆ 适当的文字

主图上搭配适当的文字是有必要的，但文字内容不能过多，要做到精和简。精就是花最少的文字表达出产品的信息，简就是简洁，长话短说，如图 6-7 所示为手套产品主图。

图 6-7

从上图（左）可以看出，其只用了“加绒触屏 绵羊真皮”8 个字就表达了产品的卖点，而右图同样只用了“加绒内里 防风防水 大毛口”几个字就概述了产品的特质。文字内容除了可以是产品优势外，还可以是打折信息或包邮信息等，如图 6-8 所示。

图 6-8

◆ 更直观的表达

主图中描述产品功能、优势的文字内容要做到直观明确，那么什么是直观明确呢？简单来说就是让买家更容易看懂，如图 6-9 所示为充电宝主图。

图 6-9

我们知道充电宝的毫安数越大，充电的时长就越长。上图左图中的文字内容为“20000mAh 大容量”，这样的描述能够表达充电宝的容量。但有的买家可能并不清楚所谓的大容量究竟有多大，再看右图的描述，右图的描述为“可充苹果≥ 6 次”，相比前者，这样的表达更直观，也更浅显易懂。

6.1.3 放大主图卖点的创意

如今，网店之间的竞争已越来越大，如何才能让自己的产品突破重围赢得买家，是卖家时刻需要考虑的问题。很多卖家发现，自家产品的展现量很高，但点击量却很小，那么问题出在哪儿呢？其实主要是因为主图没有创意，或者说与同行没有差异。例如，在淘宝网搜索“平底锅”，我们可以在搜索结果中看到眼花缭乱的主图，如图 6-10 所示。

图 6-10

从上图可以看到，大多数平底锅主图都体现了自己的卖点——不粘。而第一排最后一款平底锅体现的卖点是：销量与价格。在背景图上，选用的色彩也与其他平底锅有差异，这就使得该平底锅主图比其他主图要突出，因此其实际销量也更好。

一张主图要脱颖而出，就要与其他主图有差异、有创意。很多时候主图中会有很多卖点，但我们必须放大最受买家欢迎或最具有优势的卖点，另外，要注意不要让主图成为了“牛皮癣”。如图 6-11 所示为蒸蛋器产品主图，从图中可以看出，后 3 款蒸蛋器的主图看起来内容很多，相比之下，第一款蒸蛋器主图看起来清爽干净，且加入了表情显得更有创意，那么第一款蒸蛋器自然就能脱颖而出了。

图 6-11

对于有明确规格和型号的产品，如家用电器、家具等，这些产品从功能上来看有很多相似之处，因此主图要展示与同类产品有差异的功能，如果在价格上有优势也要体现，因为价格的高低也会影响销量。对于服装、鞋靴等产品，其主图的卖点在于款式，因此要在图片质感上下功夫，要让产品在模特身上体现好看、舒适的感觉。确定好产品的卖点后，就可以从创意方面下功夫了，以下两点创意是非常实用的。

◆ 背景色突出色差

如图 6-12 所示为女装产品图，左图场景图的背景色为黄色，与服装本身的粉色形成了强烈的对比，使得产品本身更突出。右图背景为橙红色的背景墙，与服装本身的黑色形成了对比，使得产品看起来更抢眼。

图 6-12

◆ 多个款式结合成一个创意主图

主图不一定只展示产品的一个款式，也可以将不同款式组合起来，构成一个有创意的主图，如图 6-13 所示。

图 6-13

6.2 打造热卖产品搭配

在网店的很多营销方式中，“推荐搭配”是能提高客单价的一种营销方式，这种营销方式能引导买家在购买一件单品的同时下单购买另一件与之相搭配的产品。

6.2.1 产品搭配的 4 种表现方式

在网店的详情页中，推荐的搭配可以有多种呈现方式，如以下几种表现方式。

◆ 单独以“推荐搭配”模块呈现

在详情页面中，可以设计一个“推荐搭配”模块，将推荐的产品放在该模块中展示，并设置“购买”按钮，让买家能通过单击“购买”按钮进入推荐产品的购买页面，如图 6-14 所示。

图 6-14

◆ 将推荐展示在产品的侧面

将推荐搭配的产品放在主销产品的侧面，也可以让买家关注到被推荐的产品，如图 6-15 所示。

图 6-15

◆ 以促销形式呈现

在详情页中，可以将推荐搭配的产品以促销或换购的形式呈现，这可以激发买家的购买欲望，如图 6-16 所示。

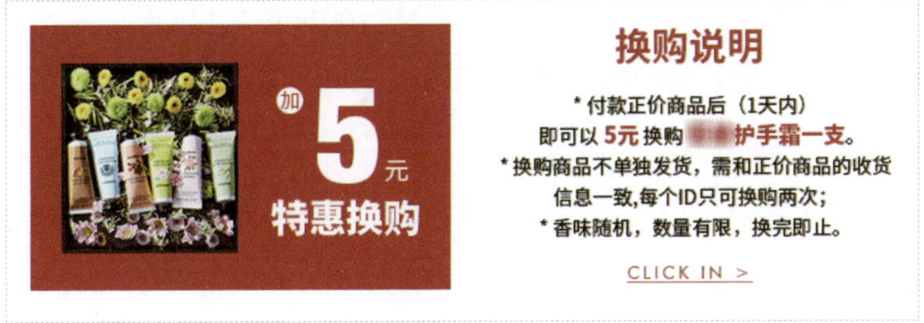

图 6-16

◆ 在产品主图下方以“搭配套餐”形式呈现

利用淘宝官方提供的“搭配宝”工具，可以创建“搭配套餐”活动，该工具支持固定及自由搭配。在“搭配宝”后台设置搭配套餐后，该套餐可在产品主图下方呈现，而不会占用详情页的空间，如图 6–17 所示为固定搭配和自由搭配。

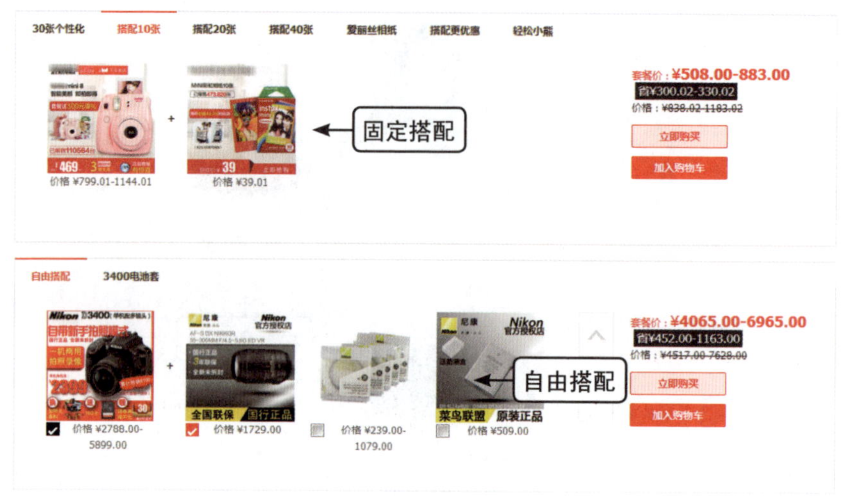

图 6–17

6.2.2 解析产品搭配技巧

在网店营销中，如何挑选产品进行搭配也是有技巧的，只有合理的搭配才能引导关联购买，提升客单价，常用的搭配策略有以下几种。

◆ 互补型搭配

互补型搭配是指将两种存在着某种消费依存关系的产品配套在一起出售，如 T 恤搭配牛仔裤、衬衫搭配短裙、盘子搭配碗以及手机搭配耳机等，如图 6–18 所示为将碗与刀叉、筷子搭配在一起出售，这就是典型的互补型搭配。

图 6-18

◆ 价格型搭配

价格型搭配是指根据产品的价格，以高价产品搭配低价产品的形式出售，这种搭配方式会让买家有“赚了”的感受，如图 6-19 所示。

图 6-19

◆ 风格型搭配

对于部分同类产品，买家并不会只购买一件，如袜子、中性笔和衬衫等，这时就可以通过搭配不同风格或色系来组合出售，如图 6-20 所示。

图 6-20

6.3 大师级的产品细节表现

优质的产品图片是网店经营的基础，在网上销售产品，不仅要展示产品的全貌，还要用细节图表现产品的做工及质量优劣，以方便买家更深入地了解产品。

6.3.1 产品细节的 3 种表现方式

细节图是展现产品整体格调和品质的最好方法，那么网店中的产品细节要如何表现呢？具体有以下 3 种表现方式。

（1）局部放大

最简单的表现产品细节的方式就是放大局部，这种表现方法类似于“放大镜”，能让买家看得更清楚，如图 6-21 所示。

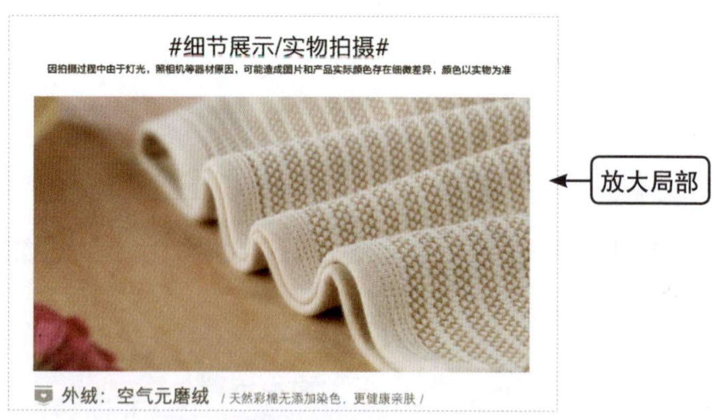

图 6-21

（2）同类产品 PK 细节图

将网店的产品与同行的产品进行对比，或将本网店升级款与基础款产品进行 PK 对比，可以体现产品的优势，如图 6-22 所示。

图 6-22

（3）场景亮点细节呈现

为了更直观地呈现产品的优势和品质，可以在详情页中展示产品的使用场景细节图，如图 6-23 所示为体现床垫弹性的场景细节图。

图 6-23

6.3.2 解析产品细节表现技巧

在实体店购买产品时，买家可以将产品的每个细节看得比较仔细，但在网店中，买家看到的都是卖家用图片呈现在其眼前的细节，因此网店中产品细节的第一个表现技巧就是多角度呈现。

多角度呈现能让买家如实详尽地对产品做一个全面的了解，如图 6-24 所示为对女鞋细节进行多角度呈现。

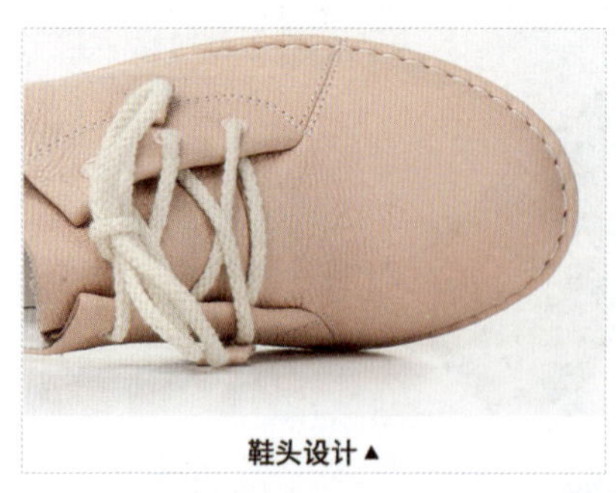
鞋头设计▲

鞋面设计▲

图 6-24

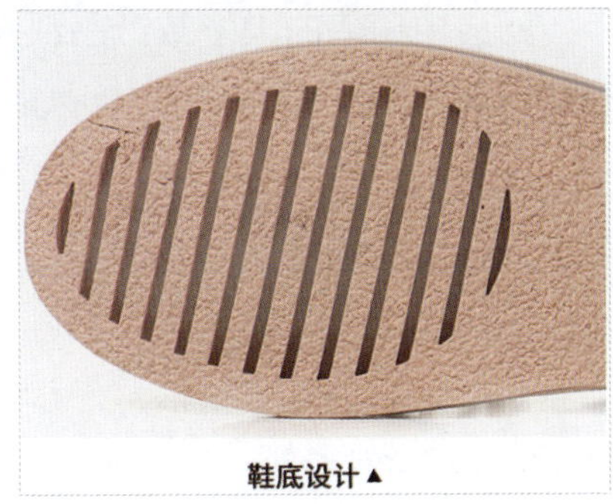

图 6-24（续）

为了让买家清楚细节图呈现的位置和产品亮点，可以以整体图 + 细节图的方式表现产品细节，如图 6-25 所示。

图 6-25

网店中销售的大多数产品都是有具体规格的，为了让买家清楚产品的规格，在细节图中要给产品标注尺寸大小，如图 6-26 所示。

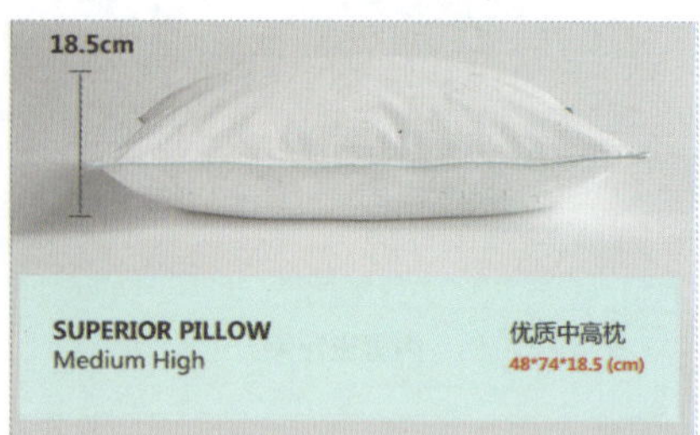

图 6-26

知识加油站

除了展示产品本身的细节外，包装细节也是可以展示的。有的产品若包装不当，会导致在运输过程中被损坏或污染，而好的包装可以让买家买得更放心。

6.3.3 产品细节表现的禁忌有哪些

很多网店店主都清楚，要在详情页的视觉营销上下功夫，但有时也会在产品细节的描述上犯错误，以下禁忌需要我们注意。

（1）忌文字内容过多

图文搭配能很好地表现产品的细节，但要注意，吸引买家的往往是图片而不是文字，有的网店喜欢用很多文字来描述自己的产品，这是一个误区。

在描述产品细节时要做到简洁明了，另外，在描述时也要注意语言禁忌。淘宝网规定淘宝用户在淘宝交互平台制作、发布和传播的文字、图片、视频及表演（直播）等信息时，应当遵循以下原则和要求。

◆ 遵守法律法规规范的要求。

◆ 遵守国家的政策制度要求。

◆ 维护国家的利益。

◆ 维护其他公民的合法权益。

◆ 遵守社会公共秩序。

◆ 遵守社会道德和公序良俗。

◆ 确保信息真实有出处。

在淘宝交互平台制作、发布和传播的文字、图片、视频及表演（直播）等信息中，不应含有以下内容。

①与宪法所确定的基本原则不符的。

②危害国家安全，泄露国家秘密，颠覆国家政权，破坏国家统一的。

③损害国家荣誉和利益的。

④煽动民族仇恨、民族歧视，破坏民族团结的。

⑤破坏国家宗教政策，宣扬邪教和封建迷信的。

⑥散布谣言，扰乱社会秩序，破坏社会稳定的。

⑦散布淫秽、色情、赌博、暴力、凶杀、恐怖或者教唆犯罪的。

⑧侮辱或者诽谤他人，侵害他人合法权益的。

⑨含有法律、行政法规禁止的其他内容。

除此之外，不要使用谢绝还价这类词汇，这会引起买家的反感。网络语言的使用也要适量，不能过多地使用，尽量少用或不用。如图 6-27 所示为被套产品细节描述，可以看到其文字内容都是简单明了的。

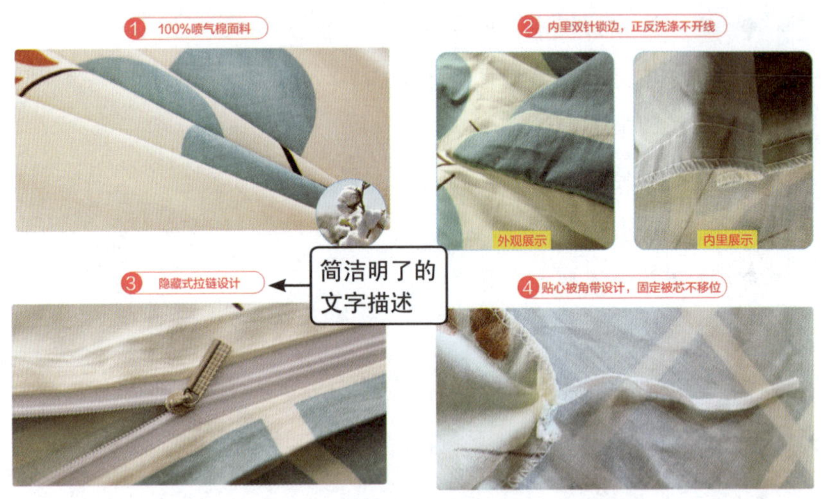

图 6-27

（2）忌夸大虚构或发布混淆信息

在描述产品细节时要做到真实，可以适当美化，但不能夸大甚至是虚构。如果产品的描述与实际不符，会让买家产生心理落差，导致买家给差评或要求退换货。

另外，淘宝网也规定："商品如实描述"及对其所售商品质量承担保证责任是卖家的基本义务。"商品如实描述"是指卖家在商品描述页面、店铺页面和阿里旺旺等所有淘宝提供的渠道中，应当对商品的基本属性、成色和瑕疵等必须说明的信息进行真实、完整的描述。

在淘宝网规定的"一般违规行为"中，关于"滥发信息"具有以下规定。

滥发信息是指用户未按本规则及淘宝发布的其他管理内容（包括但不限于规则、规范、类目管理标准和行业标准等）的要求发布商品或信息，妨害买家权益的行为，包括以下情形。

- ◆ 广告信息。
- ◆ 信息与实际不符。
- ◆ 信息重复。
- ◆ 商品要素不一致。
- ◆ 规避信息。
- ◆ 品牌不一致。
- ◆ 行业特殊要求。

卖家若存在上述任一情形的，淘宝将视情节轻重程度采取下架商品、删除商品、删除店铺、清除店铺装修、限制店铺装修发布权限、关闭店铺、单个商品搜索降权、单个商品搜索屏蔽、店铺屏蔽、店铺监管、交易账期延长、限制发布商品、限制商品发布数量、限制发布类目数量、删除销量、删除评价、限制使用商品发布的特定功能以及扣分等处理措施。

除此之外，描述不当也会受到淘宝网的违规处理。描述不当是指买家收到的商品或接受的服务，或经淘宝官方抽检、排查到的商品或服务存在与卖家描述不相符，或卖家未对商品瑕疵等信息进行披露等情形，妨害买家权益的行为。

①卖家描述不当情节轻微的，第一次下架商品不扣分，第二次下架商品一般违规行为扣 3 分，第三次删除商品一般违规行为扣 6 分，第四次及以上删除商品一般违规行为扣 12 分。

②卖家描述不当情节一般的，第一次下架商品一般违规行为扣3分，第二次删除商品一般违规行为扣 6 分，第三次删除商品一般违规行为扣 12 分，第四次及以上删除商品严重违规行为每次扣 12 分。

③卖家描述不当情节严重的，删除商品，第一次一般违规行为扣 12 分，第二次及以上严重违规行为每次扣 12 分。

④卖家描述不当情节特别严重的，视为严重违规行为，每次扣48分。

同一卖家同一情形描述不当的，3天只扣一次分。同时，淘宝将视情节严重程度采取店铺监管、店铺屏蔽及全店商品搜索降权、全店或单个商品监管、交易账期延长、限制发布特定属性商品、限制商品发布数量、限制发布类目数量、限制发布特定类目商品、限制使用商品发布的特定功能以及限制使用特定管理工具等临时性市场管控措施。

若发布混淆信息（指发布容易造成消费者混淆的信息的行为），淘宝网将对相关信息进行删除。同时，淘宝网将按照如下规定进行处理。

- 发布混淆信息的，每次扣2分。
- 发布混淆信息情节严重的，每次扣24分。
- 发布混淆信息情节特别严重的，视为严重违规行为，每次扣48分。

同时，淘宝网将视情节严重程度采取限制发布商品、限制网站登录、交易账期延长及店铺监管等处理措施。

6.4 身临其境的产品功能展示

产品功能是指产品所有的特定职能，简单来讲就是产品的用途。买家购买产品实际上购买的是产品所具有的功能和产品的使用性能。产品的功能与买家的需求息息相关，只有该产品具有买家所需要的功能，买家才会购买，因此在详情页中对产品功能的展示也尤为重要。

6.4.1 精准地表达产品功能

产品的功能可以分为使用功能和审美功能，使用功能是指产品的使用价值，审美功能是指产品形态带来的美学价值。根据产品使用功能和审美功能侧重点的不同，可将产品分为以下 3 种类型。

- **功能型产品：**也被称为实用型产品，这类产品强调使用功能，在设计上更关注结构的合理性，重在使用功能的完善和优化，外观则依附于使用功能实现的基础之上,不会过分追求形式感。
- **风格型产品：**又被称为情感型产品，这类产品除具有一定的使用功能外，会更追求外观造型，强调与众不同的外观风格和独特的使用方式。
- **身份型产品：**身份型产品与前两者的不同之处在于，其更突显精神的象征性，买家会以拥有它而感到自豪和满足，如高端品牌产品、奢侈品等。

根据产品类型的不同，在详情页面描述产品功能时也应该有所侧重，功能型产品应注重其使用功能，风格型产品应强调其个性化的外观造型，而身份型产品应突显精神的象征性。下面来看几个例子，如图 6-28 所示。

图 6-28

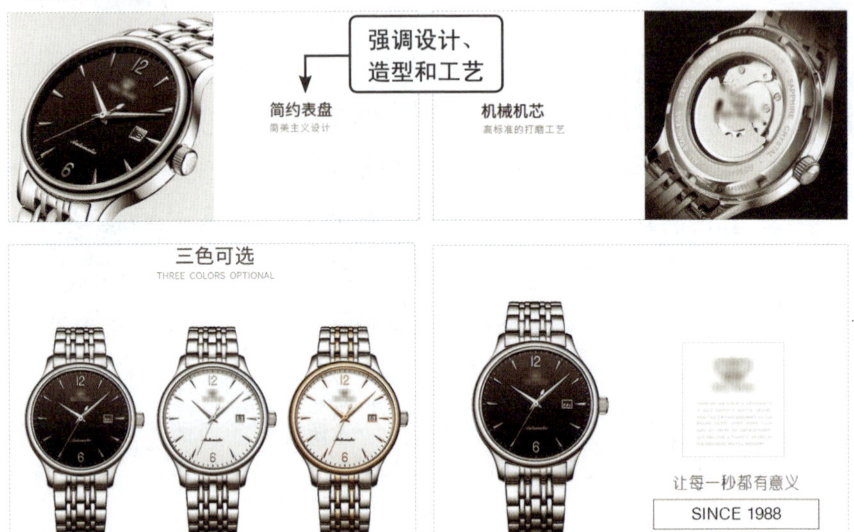
风格型产品
强调设计、
造型和工艺
简约表盘
简美主义设计
机械机芯
高标准的打磨工艺
三色可选
THREE COLORS OPTIONAL
让每一秒都有意义
SINCE 1988

身份型产品
优美流畅的线条和璀璨的钻石 是彼此相爱的痕迹
把爱心送给另一半女人是要呵护的 爱心组成的花朵环绕着钻石般的你 抛光光滑从不同的角度看
可以展现出钻戒不同的风采。
强调情感和精神

6-28（续）

6.4.2 产品功能的表达形式

许多卖家都觉得表达产品的功能或特征很难，实际上只要掌握了一定的方法，产品功能的表达并没有想象中那么难。

（1）根据产品参数来挖掘功能

在宝贝详情页，首先展示的是产品的参数，产品参数标明的是产品的特征值，包括长度、宽度、高度、性能、材质、款式以及颜色等，如图 6-29 所示为不同产品的参数。

商品详情 累计评价 50 手机购买

品牌名称：

产品参数：

材质成分: 其他100%	销售渠道类型: 纯电商(只在线上销售)	品牌: KIMDY/凯咪蒂娅
货号:	服装版型: 修身	厚薄: 加厚
风格: 通勤	通勤: 韩版	衣长: 短款
袖长: 长袖	领子: 可脱卸帽	袖型: 常规
衣门襟: 拉链	图案: 纯色	流行元素/工艺: 带毛领 抽褶 褶皱 口袋 ...
适用年龄: 25-29周岁	年份/季节: 2017年冬季	颜色分类: 黑色905 灰色905 军绿905
尺码: M L XL XXL		

商品详情 累计评价 6 手机购买

品牌名称：

产品参数：

上市时间: 2016年秋季	主钻分数（最低）: 30分 50分 1克拉 1...	优化处理方式: 无处理
是否商场同款: 是	鉴定标识: 国内鉴定	鉴定类别: 国家珠宝玉石质量监督检验...
认证标识:	销售渠道类型: 商场同款(线上线下都销...	副钻分数: 10分(含)-29分(含)
款式: 戒指/指环	形状: 圆形	钻石净度: VS/微瑕 SI/小瑕
颜色: I-J/淡白	钻石切工: 未分级	规格: (定制)18K金/50分/VS/I-J/9-15...
售后服务: 其他	镶嵌方式: 群镶	货号: L00050A
品牌:	用途: 结婚	

图 6-29

根据不同产品的参数，我们可以找到其特有的功能，例如图 6-29 上图中的加厚（保暖性能）、可脱卸帽（时尚美观的设计），下图中的群镶（独特的工艺）、结婚（特殊的用途）。

（2）图示的表达形式

若产品的功能、工艺或优势有多项，这时就可以用图示来表达，如图 6-30 所示。

图 6-30

（3）表格的表达形式

当要表述的产品信息内容较多，且信息间具有一定纵向或横向上的关系时，就可用表格来进行展示，如图 6-31 所示。

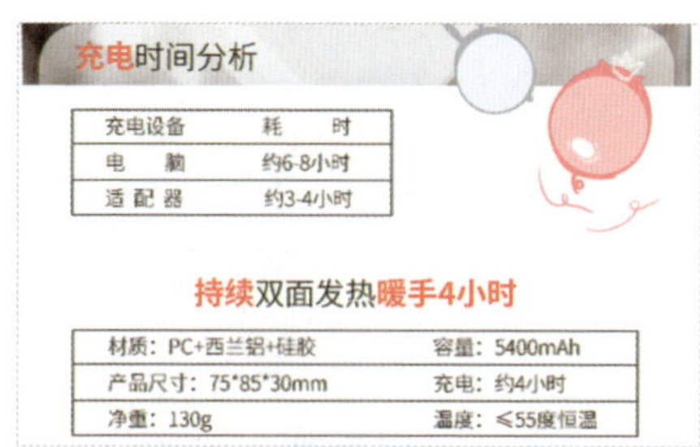

图 6-31

（4）核心功能图文搭配

对于产品的核心功能，要用图文搭配的方式进行表达，如服装的核心功能在于款式的设计、除湿器的核心功能在于除湿、电热水袋的核心功能在于保温及防爆，在表达这些功能时都要用图文搭配的方式，如图 6–32 所示。

图 6-32

6.5 详情页优化小技巧

在网店中，详情页的好坏直接关系到产品成交与否。详情页最核心的功能就是传达产品的信息，在这一过程中有一些小技巧需要我们掌握，这些小技巧将帮助我们提高产品转化率。

6.5.1 更显体贴的温馨提示

小小的温馨提示看起来并不起眼，但却可以让买家感受到网店的用心和贴心。温馨提示一般放在详情页的最末或最前面，其内容可以是产品使用时的注意事项、快递说明以及其他需要买家注意的须知等，如图 6–33 所示。

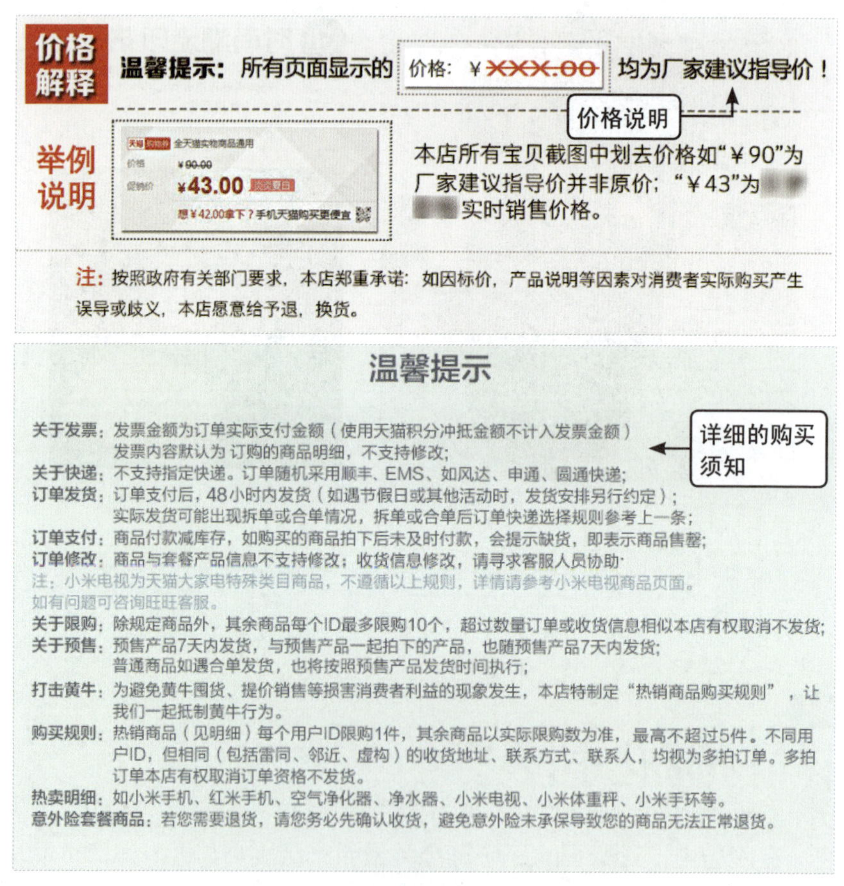

图 6–33

6.5.2 更显方便的尺寸对照

在网上购买衣服鞋帽时，大多数买家都比较关心尺寸问题，这是因为买家担心网购回来的产品不合身。为了让买家能够根据自身需求选择适合自己尺码的产品，我们可以在详情页面中展示“尺码对照表”，以方便买家选购产品，如图 6-34 所示为不同样式的尺码对照表。

· 试穿尺码 ·

试穿者	身高/体重	胸/腰/臀	尺码	试穿体验
美美	156/86	85/66/87	S	宽松，膝盖下，底部和腰部有抽绳
希希	161/100	82/67/93	M	宽松，到膝盖，柔软舒适，建议偏小一码
娜娜	166/116	86/69/95	L	M宽松，长度至膝盖，可以选小一码穿S

TIPS：外模胯宽腿长，不要只参考效果图，MM们要根据实际身形和尺码选择哦～

试穿体验

TRY THE EXPERIENCE

试穿者	身高	三围	试穿尺码	试穿体验
Amelia	154	74/59/80	XS	XS合身，衣长合适
Jennifer	158	76/62/83	S	S合身，时尚经典

图 6-34

6.5.3 更显权威的品牌简介

品牌是一种无形资产，在详情页中简单介绍产品的品牌，更能取得买家的信任，也能增强买家对产品的认知程度，更显产品的权威性，如图 6-35 所示为某网店的品牌实力介绍。

图 6-35

6.5.4 更显诚信的售后承诺

对于网购，大多数买家最担心的莫过于产品质量问题，而售后承诺就是打消买家下单顾虑的一种手段。为了让买家信任网购，淘宝网也推出了各种消费者保障服务，如图 6-36 所示。

图 6-36

淘宝网提供的消费者保障服务在一定程度上减轻了买家对网购的不信任感，因为即使网购的产品有质量问题，买家也可以选择退货或发起维权等。从网店自身的经营来看，在详情页面展示网店对买家做出的售后承诺，能体现网店对产品品质的一种保证，这能让买家更安心、放心地购买产品。

售后承诺的内容一般有 7 天无理由退货、正品保障、全国联保、正规发票以及闪电发货等内容，如图 6-37 所示为不同网店的售后承诺内容。

高品质 敢承诺！
30天
2年
24H
30天无理由退换货
退货赔运费
2年质量保障
只换不修
24小时发货
相信品牌的力量
高品质 敢承诺！
HIGH QUALITY COMMITMENT
保
退
30天包退
30天内产品出现任何质量问题
换
1年包换
1年内产品出现任何质量问题
送
送退货运费险
亲如需退货请千万不要 “确认收货”
如果“确认收货”运费险会失效。
关于售后服务和质保
本店已签署《消费者保障-7天无理由退换协议》
买家享有7天无理由退换货售后保障
服务，请放心购买。
...微笑团队

图 6-37

付费推广：五星网店的视觉营销秘诀

在网店之间竞争日益激烈的今天，网店想要持续不断地获得买家，就需要进行推广。推广是挖掘潜在客户，增加产品曝光率的手段。淘宝网为买家提供了不同的推广工具，在使用这些推广工具时，也要善用视觉营销，这样才能助力网店引爆流量。

7.1 详解直通车推广图，让你的图点击翻倍

直通车是淘宝网为网店卖家量身定制的，按点击付费的推广工具，只有当用户点击了网店的产品时才需要付费，并且系统会智能过滤无效点击，从而为网店精准定位合适的买家人群。

7.1.1 单个产品如何创意推广

在淘宝网中，直通车单品推广的展示位置有淘宝搜索结果的右侧、中部最前排及淘宝搜索结果页面底部等，如图 7–1 所示。

图 7–1

图 7-1（续）

从上图可以看出，直通车推广展示的都是产品主图，因此我们要在产品主图的视觉营销上下功夫。从影响直通车推广图点击率的因素来看，创意图是重要的因素，一张优秀的创意图能显著提升点击率，那么怎样才能让自己的直通车推广图有创意呢？

我们知道，产品主图主要是由产品、背景、文案和模特这几个部分构成的，而创意图就是通过这几个部分不断变换而产生的。下面来看几个实用的技巧。

◆ 巧用背景差异化

要想得到一张有创意的推广图，我们可以在背景上做文章，比如其他网店的主图背景大多用的是白色，那么我们就用蓝色、黄色或其他色彩，这样自己的推广图就如“万绿丛中一点红”，会异常醒目。

◆ 巧用文案的差异化

文案是用来呈现产品的卖点和买家的需求点的，如果推广图中的文案与别人有所不同，将会为提高推广图的点击率带来奇效。如图 7-2 所示为直通车推广图，可以看出最后一张推广图的文案比其他推广图更有创意。

图 7-2

要让自己的推广图文案有创意，可以使用以下几种方法。

拟人化。把产品拟人化，让产品具有人类的思想、情感和性格，可以让文案变得既生动又有创意，如图 7–3 所示。

图 7-3

利用修辞手法。利用比喻、象征和联想等手法，可以引发买家的想象，使文案具有独特性，如图 7 4 所示。

图 7-4

逆向思维。逆向思维就是不按常理出牌，它可以让文案与众不同，如图 7–5 所示。

图 7–5

7.1.2 如何进行店铺整体推广

直通车推广除了有产品推广外，还有店铺推广。店铺推广能满足网店同时推广多个同类型宝贝、传递店铺独特品牌形象的需求，特别适合向购买意向较模糊的买家推荐店铺中的多个匹配宝贝，这样能有效地补充单品推广。目前，店铺推广又分为关键词和定向两种推广投放方式。

店铺推广关键词。基于搜索营销推出的一种通用推广，卖家通过“店铺推广搜索”可对店铺页面（首页或分类集合页）进行推广，通过设置与推广页面相关的关键词和出价，在买家搜索关键词时获得展现与流量，按照所获得流量（点击数）进行付费。

店铺推广定向。是基于店铺形式的定向推广，它依靠淘宝网庞大的数据库，构建出买家的兴趣模型，从细分类目中抓取与买家兴趣点匹配的推广内容，展现在目标客户浏览的网页上，帮助店铺锁定潜在买家，实现精准营销。不同于单品定向推广，店铺定向推广可以推广除单品详情页外的店铺任意页面，如店铺首页、导航分类页、活动页面或宝贝集合页面等。

店铺推广的展示位有很多，具体如表 7–1 所示。

表 7–1　直通车店铺推广电脑端展示位

投放方式	展示位
店铺推广搜索资源位	1. 搜索结果页右侧下面 3 个展现位 2. 搜索结果页店家精选“更多热卖”进去店铺集合页 3. 淘宝类目频道搜索结果页右侧下面 3 个展示位
店铺推广定向站内资源位	1. 站内商搜位置 2. 旺旺焦点图位置 3. 淘宝交易详情页位置 4. 收藏夹位置 5. 淘宝收货成功页面位置 6. 淘宝首页两屏右侧 Banner 位置 7. 焦点图右侧 Banner

不同于单品推广，店铺推广的推广图有很多是长方形的，如图 7–6 所示。

图 7–6

既然是店铺推广，那么推广图就要传递店铺销售的产品类型以及独特的品牌形象，例如店铺是售卖女装的，那么推广图中就要呈现女装产品。文案也要体现店铺的特性，如上图中的胖妈衣橱、大码美衣以及秋冬焕新等文字内容。另外，我们可以在推广图中直接展示店铺的 LOGO，以提高店铺的知名度。通过店铺推广图可以让买家清楚网店的特色，知道网店销售的是什么，那么这样的图就是比较好的店铺推广图，如图 7-7 所示为店铺推广定向方式推广图。

图 7-7

从上图可以看出，该图直接展示了店铺的 LOGO，这让买家可以清楚地知道网店销售的产品是与照明有关的灯具，文案内容是“这次力度有点大 3 折起”，体现了网店的营销力度，这样的推广图直观、明了且简洁，能实现传递店铺独特品牌形象的目的。

网店店主可以运用前面讲过的 Banner 图的设计技巧来制作店铺推广图，但在具体制作时要考虑展示位的尺寸大小，因为不同展示位要求的图片尺寸大小是不同的，如收藏夹底部大图要求的尺寸大小是 300×250 像素、收货成功页面要求的尺寸是 950×90 像素。

7.1.3 如何参与活动推广

淘宝网会不定期推出不同的营销活动，通过参与这些营销活动可以让店铺或店铺的产品得到不同程度的展现。进入“卖家中心”后，在“营销中心”栏中单击“活动报名”超链接，在打开的页面中就可以查看到活动列表，如图 7-8 所示。

全部活动　可参加的活动　更多精彩活动尽在淘营销

活动名称：　收费类型：全部　搜索

活动名称	报名截止	已成功报名	状态	操作
12.30新年美食	2天后截止	0个	未报名	查看原因
2017男装风格型卖家入驻招商!	3291天后截止	0个	未报名	查看原因
春运大促-由轮绿色通道	1天后截止	0个	未报名	查看原因
拍卖开心捡漏频道招募KA商家	156天后截止	0个	未报名	查看原因

图 7-8

不同的活动都有其特定的活动要求和特点，如 2017 男装风格型卖家入驻招商有以下一些活动要求和特点。

- **包含类型：**原创设计、风格馆五大风格（街头潮流、日系休闲、简约韩风、时尚商务、文艺复古）、Fans 星店。
- **活动标签：**审核通过后同时打上 iFashion 标签。
- **审核时间：**每周三审核。
- **招商范围：**淘宝卖家专属。
- **特殊要求：**3 类卖家为互斥关系，即卖家只能入驻其中一类。

了解了不同活动的活动介绍后，卖家可以选择适合自己的活动参与报名。若不满足活动要求，活动报名页面会显示“不可报名”，如图 7-9 所示。

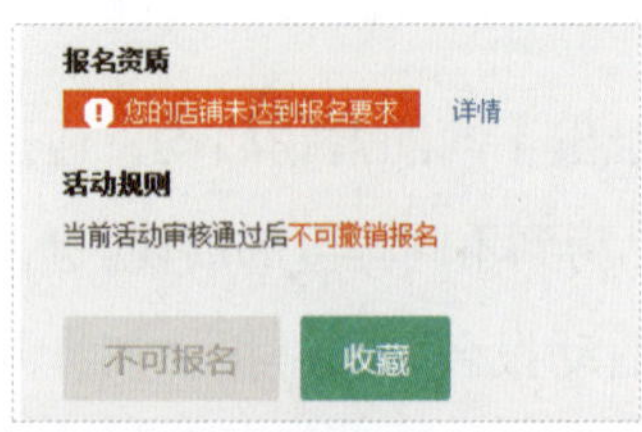

图 7-9

单击“详情”超链接，可以查看不可报名的原因，如图 7–10 所示。

对店铺的要求

你的资质	资质名称	活动要求
不符合	要求主营率在规定范围之内	在类目"男装"上值的范围"[50-100]"; 您的情况： 您的店铺 围之内: 您的店铺为"　"，规则要求为"[50-100]"
符合	廉正调查	要求店铺未涉及廉正调查;
不符合	要求店铺第一主营类目在规定范围之内	要求卖家店铺的第一主营类目在以下范围之内:[类目:[男装 求的主营类目中，要求的类目是: 类目:[男装]， 您的主营
不符合	消保类型	开通如下消保服务:[如实描述]; 您的情况： 您的店铺必须 实描述]
符合	要求不是中国质造品牌已授权卖家	要求不是中国质造品牌已授权卖家;
不符合	微淘粉丝数（接收微淘动态）	在微淘粉丝数超过2000的达标卖家; 您的情况： 您的微淘
不符合	近30天支付宝交易金额	店铺近30天支付宝交易金额需在1000元以上; 您的情况： 求需在1000元以上

图 7–10

7.2

钻展广告图里隐藏的秘密

钻石展位是淘宝网提供的图片类、文字类和视频类实时竞价展示推广平台，其提供一站式全网推广投放解决方案，能帮助网店卖家实现更高效、更精准的全网数字营销。

7.2.1 钻展广告的特点和优势

与直通车不同的是，钻石展位提供按展示付费（CPM）和按点击付费（CPC）两种计费方式。

◆ 按 CPM 竞价收费

即按照每千次展示收费，假设网店出价 15 元，那么广告被人看到

1000 次就收取 15 元。

◆ 按 CPC 竞价收费

即展示免费，点击扣费。点击付费投放模式下会将“点击出价”折算成“千次展示的价格”，其公式为 CPM=CPC × CTR × 1000，其中，CPC 是卖家自己在后台的设置出价，CTR 是系统参考创意的历史 CTR 来计算的系统预估 CTR。

若卖家 A 设置的“点击出价”是 0.8 元，预估 CTR 是 5%，参与竞价的 CPM=0.8 × 5% × 1000=40 元，也就是说，用点击付费模式设置的出价是 0.8 元，实际是以 40 元的 CPM 参与竞价，最后再根据 CPM 出价高低进行展示排序。竞价成功之后，会按照下一名卖家的 CPM 结算价格 +0.1 元作为实际扣费的 CPM 价格。

根据上面的例子，卖家 A 按照折算后的 CPM 价格 40 元拿到了流量，假设下一名卖家 B 的结算价格为 29.9 元，那么卖家 A 投放结算的 CPM 价格为 29.9+0.1=30 元，最终实际扣费的 CPC=CPM ÷ 1000 ÷ CTR=30 ÷ 1000 ÷ 5%=0.6 元。

钻展广告具体又可分为展示广告、移动广告、视频广告和明星店铺 4 种推广方式。

展示广告。是以图片展示为基础，精准定向为核心，面向淘宝网全网的精准流量实时竞价展示推广平台，能为卖家提供精准定向、创意策略、效果监测、数据分析及诊断优化等推广解决方案。

移动广告。是通过移动设备（手机、平板电脑等）访问 app 或网页时显示的广告，形式包括图片、文字链和音频等。移动广告突破了电视、报纸等传统广告的覆盖范围，在受众人数上有了很大超越，并且可以根据用户的属性和访问环境，将广告直接推送至用户的手机上，传播更加精准。

视频广告。卖家可以通过视频广告，在视频播放开始或结束时展现品牌宣传类视频，具有曝光环境一流、广告展现力一流等优势。

明星店铺。是钻石展位的增值营销服务，按千次展现计费，仅向部分钻石展位用户开放。开通明星店铺服务之后，卖家可以对推广信息设置关键词和出价，当有买家在淘宝网宝贝搜索框中输入特定关键词时，网店的推广信息将有机会在搜索结果页最上方的位置获得展现，进行品牌曝光的同时赢得转化。

7.2.2 钻展广告的展示位置

钻展广告的展示位置有很多，主要可分为淘宝网站内展示位和站外展示位，电脑端站内外常用展示位如表 7-2 所示。

表 7-2 钻展广告电脑端站内外常用展示位

渠道	展示位	尺寸	类型
站内	淘宝首页焦点图 2/3/4	520×280	图片
	淘宝首页 3 屏通栏	728×90	图片，创意模板
	淘宝首页焦点图右侧 Banner 二	170×200	图片，创意模板
	淘宝首页 2 屏右侧大图	300×250	图片，flash 不遮盖
	淘宝首页天猫精选大图 1/2	260×200	图片
	天猫首页通栏 1/2/3/4	1190×90	图片
	我的淘宝右侧 Banner 图	300×125	图片
	淘宝首页 3 屏小图	190×90	图片

续表

渠道	展示位	尺寸	类型
站外	乐视网视频播放暂停页	410×305	图片，flash
	新浪微博首页底部通栏	950×90	图片
	腾讯网内容统发页大图	300×250	图片，创意模板
	youku 视频网视频播放页	640×480	图片，flash
	网易首页 2 屏画中画	300×250	图片，flash，创意模板
	凤凰网首页通栏	750×90	图片，flash
	爱奇艺视频播放暂停页	425×320	图片，flash
	新浪微博首页右侧推荐	186×275	图片
	土豆网视频播放页首屏画中画	300×250	图片，flash，创意模板

7.2.3 值回票价的钻展广告

有的网店反映，做了钻展推广，但没有效果。那么是不是钻展广告真的没有效果呢？答案是否定的。做钻展没有效果，原因可能是多方面的，广告图不能吸引买家点击是其中一个重要因素。

当前，在网上购物的买家每天都被各种广告信息包围着，如果我们的广告图不能吸引买家，不能争取到更多的点击，那么钻展广告的效果自然不会太好。做钻展广告图，要把握 3 点设计准则。

◆ 主题突出。

◆ 目标明确。

◆ 设计美观。

钻展广告图应有明确的主题，主题可以是价格、品牌、折扣以及爆款促销等，如图 7-11 所示为除湿机钻展广告图。

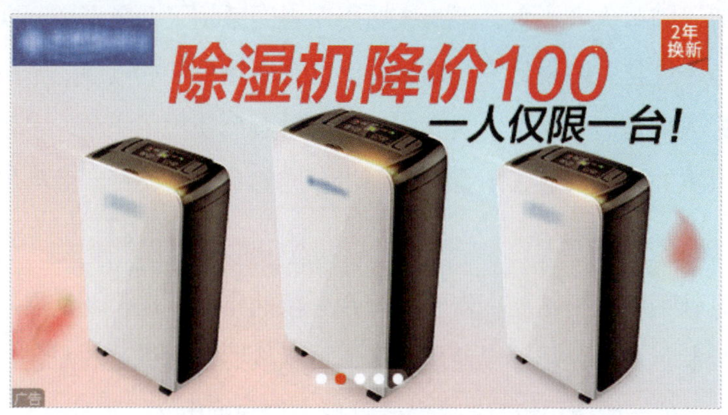

图 7-11

通过上图，我们可以了解到该钻展广告图的主题是降价，可以看到“除湿机降价 100”用红色字体进行突出显示，买家的视觉焦点自然会放在这几个大字上。

目标明确是指钻展广告应有特定的目标人群，根据目标人群的不同，广告图设计的风格也应不同。如图 7-12 所示为不同网店的钻展广告图。

图 7-12

图 7−12 上图针对的目标人群是职场女性，我们知道职场女性的着装一般以简单大方为主，因此该钻展广告图采用了白色渐变到灰色的背景色，使整张图看起来简洁大方，符合职场女性的气质。下图针对的目标人群是商务男性，因此广告图的背景色使用了黑色，字体选用的是厚重的黑体，整张图看起来尊贵、成熟且优雅，符合商务男性的气质。

设计美观是指钻展广告图应符合买家的审美，在设计钻展广告图时要控制色彩，色彩不应使用过多，可以按照前面讲过的配色技巧来配色，字体一般选用较粗的字体，这样更容易突出文字本身。

7.2.4 主题明确的钻展广告

前面我们说过，钻展广告图应做到主题突出，那么如何才能做到主题突出呢？以下两点技巧可以帮助我们。

◆ 多用左文右图，焦点图构图通用原则

左文右图是焦点图构图的通用原则，为什么这么说呢？这是因为我们的视觉浏览习惯是从左往右的，左文右图的构图方式可以让买家先看到文字，后看到产品或模特。文字起着获取信息的作用，而产品或模特能起到暗示作用，这样的构图方式可以很好地吸引到目标买家的眼球。

在使用左文右图时要注意，左边的文字内容最好不要超过 3 排，第一排可以是吸引眼球的噱头或促销语，第二排可以是让买家点击的理由，第三排可以是点击按钮。如图 7−13 所示为按照左文右图构图方式设计的钻展广告。

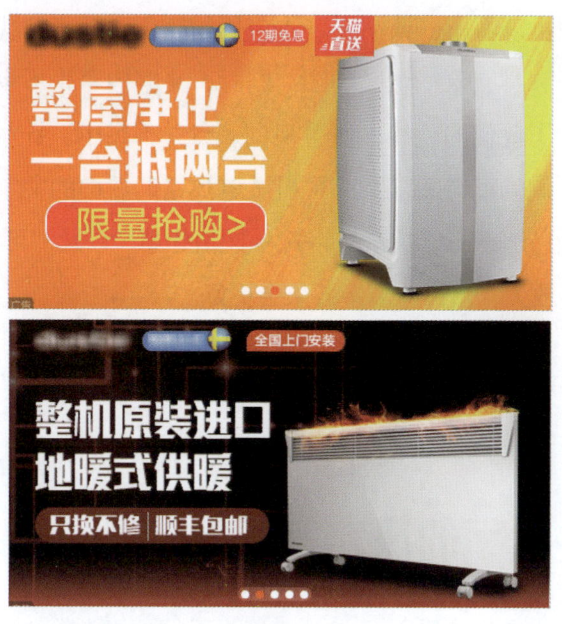

图 7-13

◆ 避免过多的干扰元素

在设计钻展广告图时，要懂得取舍。有些时候我们总希望做一个大而全的广告，但这样的广告往往是无效的。过多的产品或折扣信息会分散买家的注意力，不能凸显广告的主题，因此我们的钻展广告要避免过多的干扰元素，做到将主题信息放在视觉中心的醒目位置，如图 7-14 所示为某网店的钻展广告图。

图 7-14

从上图可以看出，该钻展广告使用的元素比较多，既有模特图，还有产品图和具有象征意义的图，同时，文字内容也不少。图中过多的元素干扰了我们的视线，使得视觉焦点并不突出。针对该图，我们可以去掉左侧的模特图以及“可机洗电热毯”后面的文字内容，将产品图、“300 元全场礼包 新人专享 × 超值钜惠”以及“可机洗电热毯”等文字内容放大，这样的展示效果会更好。

7.3 提升转化率的诀窍

网店转化率是指进入网店并产生购买行为的人数和所有到达网店的人数的比率，网店进行直通车、钻展推广，其目的都是为了提高转化率。

7.3.1 钻展推广落地页的选择

要想让钻展投放的效果最大化，一定要把落地页（指买家通过钻展广告图点击进来的第一个页面）选择好，落地页的选择有以下几点技巧。

◆ 产品竞争优势不大，选择首页

如果网店中没有爆款，或者与同类产品相比没有明显的竞争力，那么就可以选择首页为落地页，因为首页可以给买家更多的选择，从而更好地促成成交，如图 7-15 所示的钻展广告选择的落地页就是店铺首页。

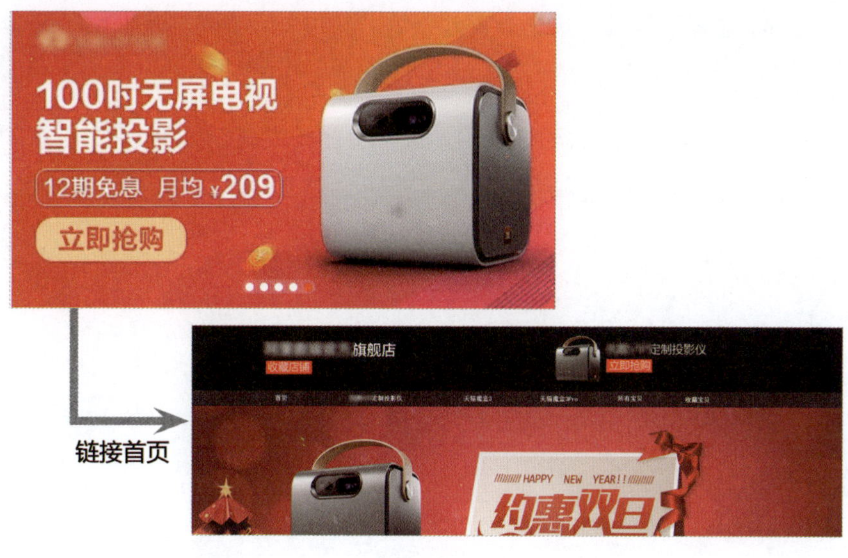

图 7-15

◆ 店铺有爆款，选单品页面

如果网店有爆款，那么可以选择单品页面作为落地页，这样可以达到引进流量的目的。一般来说，选择单品页面的效果会比首页更好，如图 7-16 所示的钻展广告选择的落地页就是单品页面。

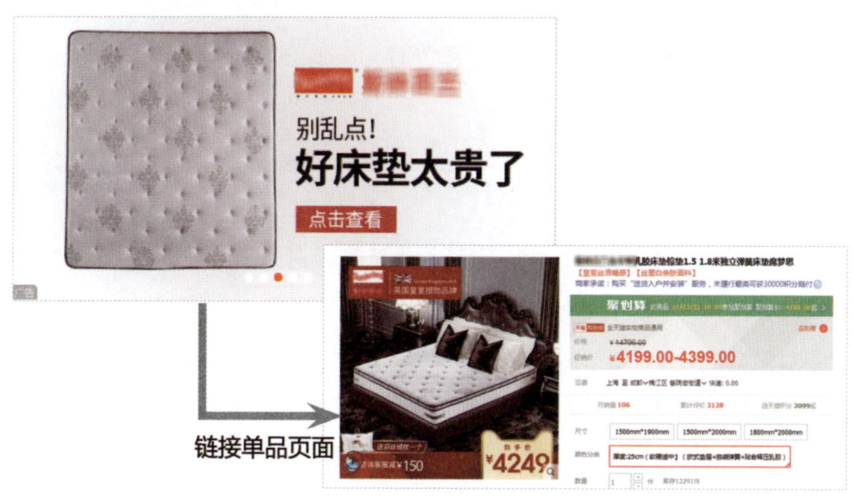

图 7-16

◆ 店铺有活动，选活动页面

若店铺有周年庆、大促等活动，可以选择活动页面为落地页，这样可以让买家感受到活动的氛围，进一步促成成交，如图 7-17 所示的钻展广告选择的就是活动页面。

图 7-17

7.3.2 首页提升转化率的小技巧

当买家通过钻展广告或店铺搜索等途径进入网店首页后，只能说卖家成功了一半，此时还要做的是提升店铺首页的转化率，有以下几个小技巧可供我们学习借鉴。

（1）自定义分类模块，条例突出

首页的分类模块是买家比较容易关注到的模块，这一模块的作用是引导买家进入产品分类列表页。虽然导航栏也有分类的作用，但没有自定义分类模块直观灵活。

一个优秀的自定义分类模块能凸显网店的风格，起到与买家互动的作用。自定义分类模块的设计要做到分类清晰、条例突出，分类可以按产品来分，也可以按活动或推荐等进行分类，如图 7-18 所示。

图 7-18

（2）收藏区要放在显眼的位置

收藏网店的人数越多，就越能为网店带来销量。要让买家主动收藏店铺，那么收藏区就要放在显眼且买家容易点击到的地方。网店的店招中、宽屏海报中以及首页中间位置都是适合放置收藏链接的地方，如图 7–19 所示。

图 7–19

（3）不可忽视左侧模块

左侧模块是首页的黄金位置，这一模块可以放店铺的最新活动、主打产品以及快速导航等。在淘宝装修后台，我们可以手动添加“悬浮导航”模块，这一模块会紧跟买家浏览的位置而移动，可以方便买

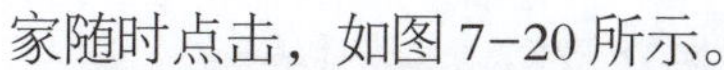

家随时点击，如图 7-20 所示。

图 7-20

7.3.3 详情页提升转化率的小技巧

大多数买家在网上购物，首先进入的都是网店的宝贝详情页，详情页的好坏和转化率息息相关，以下技巧可以帮助提升详情页转化率。

◆ 避免买家视觉疲劳

详情页的页面长度不宜过长，太长会引起买家的视觉疲劳，同时也会影响图片的加载速度。大多数网上买家在详情页停留的时间不会太长，一般来说，详情页的长度以 5000 ~ 15000 像素为宜。

◆ 设置促销信息

在详情页可以加入促销信息，让买家在了解产品的同时清楚自己能享受到哪些优惠，用优惠来刺激买家下单。促销信息可以以优惠券、低价以及满赠活动等形式呈现，一般放在详情页的最前方，如图 7-21 所示为详情页促销信息的不同呈现形式。

图 7-21

◆ 用产品推荐增加客单价

在详情页可以加入产品推荐模块，该模块可用于展示店内的热销产品、新款以及其他同类但不同款的产品。如果买家对当前的产品不满意，那么还可以通过产品推荐选择店内的其他产品，这种方式给了买家更多的选择，也能增加买家的购买欲。产品推荐模块可以放在促销信息的下方，如图 7-22 所示为某网店详情页的产品推荐模块。

图 7-22

◆ 引入买家秀

详情页中可以加入买家秀，它可以加深买家对产品的信任感，进一步刺激买家下单。买家秀可以放在详情页的最下方，等到买家对产品的性能、优势有了一定的了解后再展示买家秀，这样营销效果会更好。

除了买家秀，好评截图也是不错的选择。好评截图可以反映已购买该产品的买家对产品的评价，因为消费者往往更愿意相信消费者，因此好评截图可以提高潜在买家对商品的认同感，如图 7-23 所示为某网店详情页的买家秀和好评截图。

the
BEST
2016年12月17日 20:38
[追加评论] 太逼真了，
灰常灰常漂亮完全可以以
2016年12月20日 15:12
非常漂亮!
2016年12月19日 16:25
很漂亮、很大气，高仿真，
2016年11月28日 09:08
美！没有花钱的不是。
2016年11月29日 12:12
不错挺好看的
2016年11月30日 16:22
非常满意！
2016年11月25日 12:26
非常漂亮！
v***1（匿名）
收起 原图 向左转 向右转
仿真效果非常棒。之前软装饰公司推荐了一款外型与
摆上餐桌其效果就不用多说直接看图客服耐心细致的
**2（匿名）
2017年03月10日 16:30
很漂亮！包装严实！发货快！虽觉得小贵，但更相信
了不少柔软和温馨。
2017年03月21日 16:39
[追加评论] 图拍的不太好，但真心喜欢！

图 7-23

网店案例：不同类型网店视觉营销全体验

视觉营销是用于辅助网店销售的，网店的定位不同，视觉营销的表现形式和方向也会不同，下面我们将以案例的形式来看看优秀网店的视觉营销方案，从实战中学习。

8.1 女装店视觉营销

女装是淘宝网的一个热门的大类目，伴随着热门程度的增加，女装类目的竞争也很激烈，相比其他竞争较小的类目，其视觉营销显得更为重要。

8.1.1 时尚的首页风格设计

女装网店是色彩范围使用比较广泛的店铺类别，其设计风格也灵活多样。如图 8-1 所示为某女装品牌网店的店铺首页效果。

图 8-1

从上图可以看出，两个女装店使用的背景色都是白色，这是因为女装产品本身的色彩就已经比较丰富了，使用白色作为背景色能凸显时尚女装本身的色彩，使整个首页看起来干净清爽、大气时尚。

在配色上，左图使用的是黑色，右图使用的是枚红色，除此之外，并没有再过多地使用其他颜色，这样就能避免首页看起来色彩太杂，过于花哨。

从图 8-2 所示的网店首页可以看出，该店铺使用的配色既丰富又大胆，这是因为该店铺的服装本身就是比较有个性的，且该网店当前的主题是“流行色趋势指南”，因此首页使用了大量撞色的设计来体现这一主题。

图 8-2

8.1.2 个性化的详情页展示

在设计女装网店详情页时，只需大量展示模特图，再加上服装尺码、亮点和细节图的文字描述，就可以让详情页具有独特的个性，如图 8-3 所示为女装产品详情页。

图 8-3

从上图可以看出，该女装的色彩为黄色，中间的字母颜色为黑色，详情页巧妙地使用了服装的色彩进行配色，字体主体色为黑色，用黄色作为点缀，使得详情页看起来色彩亮丽有个性。

8.1.3 简约风格的产品陈列

女装网店首页的产品陈列也可以打造得简约而有品味，如图 8-4 所示为某女装网店的产品陈列方式。

图 8-4

从上图可以看出，该女装店的产品陈列区采用的是不规则拼接的方式，这种排列方式让陈列区看起来简约又有个性。

8.1.4 画面唯美的宽屏海报

女装网店的宽屏海报可以通过搭配好看的背景来营造唯美氛围，如图 8-5 所示为画面唯美的女装网店宽屏海报。

图 8-5

图 8-5（续）

8.2 家居店视觉营销

家居用品是用于装饰居室环境的，是人们日常生活起居不可缺少的。如今，人们选择家居用品不再只关注质量，还会关注家居用品的风格，所以，家居网店的视觉营销就要体现家居用品的特点和风格。

8.2.1 温馨的首页风格设计

许多人都喜欢温馨的家居风格，因为这可以让人感受到温暖，因此，家居类网店可以通过使用暖色调，搭配灯光、花束等装饰，营造温馨的家居氛围，如图 8-6 所示为某家纺用品网店首页。

图 8-6

从上图可以看出，该家纺用品网店的背景色使用的是粉色，搭配了花瓣、蝴蝶结等装饰，使得画面看起来很温馨，下面再来看一个案例。

如图 8-7 所示为某家居饰品网店首页，从图中可以看出，该网店背景色使用的是乳白色，文字和边框使用的是黄色，再搭配店内销售的家居饰品，整个页面给人以温暖的感觉。

图 8-7

8.2.2 清爽的详情页展示

如图 8-8 所示为家居饰品详情页，从图中可以看出，该详情页的文字内容并不多，产品图的背景主要以白色为主，整个详情页看起来既干净又清爽。

图 8-8

8.2.3 凸显整体和细节的产品陈列

如图 8-9 所示为某家居饰品网店首页的产品陈列区，可以看出该网店采用的是一张主图 + 两张细节图的陈列方式，这种陈列方式既能表现产品的整体面貌，还能凸显产品的细节。

图 8-9

图 8-9（续）

8.2.4 构图讲究的宽屏海报

家居类网店的宽屏海报可以利用产品的摆放来构图，如图 8-10 所示为不同家居类网店的宽屏海报，可以看出其产品的摆放都是精心设计过的。

HOT SALE
本店热销款
到手价：¥55.8元
全场88件10 满158减30 满298减50
Inspiration
Life
谷风·餐桌
情侣对吻鱼
COUPLE SWALLOW FISH
SIMPLE
不懈追求 享受生活

图 8-10

图 8-10（续）

8.3 家用电器店视觉营销

家用电器是在家中使用的各种电器和电子器具，是现代家庭生活的必需品。在家用电器日益追求智能化的今天，卖家对家用电器网店进行装修也要体现科技感和智能化。

8.3.1 高端的首页风格设计

家用电器网店可多使用灰色、蓝色、黑色和白色这几种色调，因为这些色彩在视觉上能给人以可靠、安全的感觉，可以体现家用电器的科技感，如图 8-11 所示为两家家用电器网店的首页。

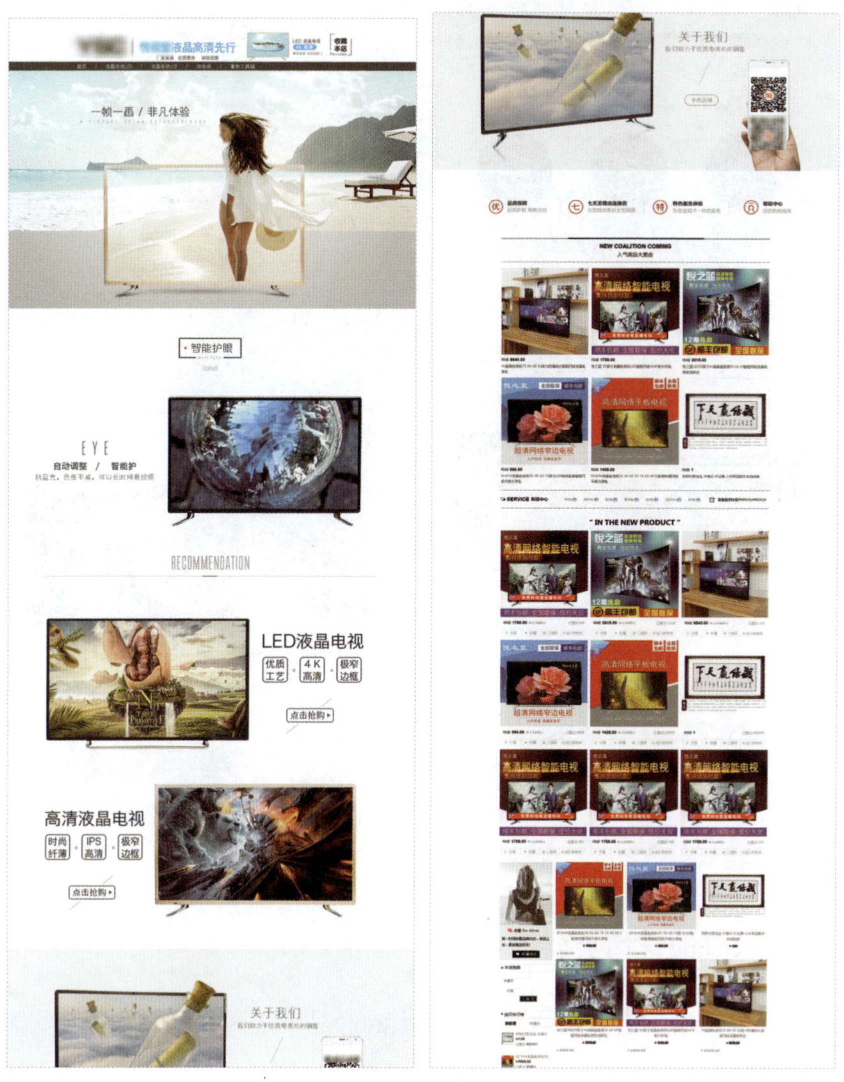

图 8-11

图 8-11（续）

8.3.2 大气的详情页展示

家电用品网店可以通过展示较大的产品图片来呈现夺人眼球、大气的详情页，如图 8-12 所示为电视机和电冰箱产品的详情页。

邂逅曲面弧形
950C系列
8.7mm
金属窄边框
独立前置音响
64位32核
语音遥控
和平面观影说再见
贴合人眼的弧度 观影更舒适
4000R曲率
现代金属工艺
遇见你的美
看见大不同 新视界
更广阔的视野 媲美IMAX影院的立体画质。
惊艳画面 溢于恢弘屏幕之上
得益于28nm制程的Mali-T720 GPU显示核心

图 8-12

御于一隅 一念鲜活
小厨房的全生态保鲜解决方案
矢量双变频
多门机身
多功能变温
抑菌净味
风冷无霜
电脑控温
轻奢璀璨金
时尚奢耀 精致入微 点缀居家格调
六大动作 全面鲜活
多功能变温
AIR FILTER 空气净化仓
分区储鲜
电脑控温
矢量双变频
风冷无霜
360°矢量双变频
节能静音 恒久新鲜
带来容声式保鲜全面解决方案
0.68度/24H
省电精英
38dB
静音运作
34年
品质保证
高频
-25度深冷锁鲜
美味营养瞬间封存
低频
全时驱动
恒温保鲜
多门分区 各鲜归位
320L多格局分区储鲜设计，
丰富的食材分类，存取方便，告别串味

图 8-12（续）

8.3.3 简单明了的产品陈列

家电用品网店在陈列产品时，可以对产品进行分区陈列，并结合简洁的文字让买家清楚该产品在功能上的亮点，如图 8-13 所示为两家家用电器网店的产品陈列方式。

图 8-13

爆款推荐
特惠价到
爆售18700+台
营养紫砂 健康养生
双层保温 宜3-8人
3.5L容量 八大功能
优惠价 ¥299
赠
立即抢购 >>
NEW
希腊酸奶 浓到销魂
滤出乳清 2+4内胆
优惠价 ¥299
立即抢购 >>
HOT
燕窝柔炖 精熬细煮
16大功能 旋钮控制
优惠价 ¥299
立即抢购 >>
爆售34000+台
彩钢耐用 四叶刀片
绞肉绞菜 进口材质
可绞800g 省时省力
功能亮点
优惠价 ¥159
立即抢购 >>

图 8-13（续）

8.3.4 有科技感的宽屏海报

家用电器网店的宽屏海报可以通过加入表现产品功能的元素或特效，让海报的科技感十足，如图 8-14 所示。

图 8-14

图 8-14（续）

8.4 鞋靴店视觉营销

鞋靴也是淘宝网的一个热门类目，其网店之间的竞争也不小。淘宝网的鞋靴类目细分下来又可分为女鞋、男鞋、运动鞋和休闲鞋等，下面就来看看不同鞋靴网店的优秀视觉营销方案。

8.4.1 雅致的首页风格设计

如图 8-15 所示为某女鞋网店首页，可以看出该网店使用的主色为粉色，产品陈列区的背景使用的是模特实拍图，整个店铺看起来雅致又简约。

VIP
邂逅浪漫时光
NEW IN
周三上新
¥859
¥799
VIP
MUST BUY
¥959
¥959
SWEET
秘密爱恋
¥759
¥859
¥859
¥959
¥1299
SASSY
秘密生活
¥859
¥1499
¥1499
¥1099
¥859
¥859

图 8-15

男鞋网店与女鞋网店的首页风格会有很大的不同，一般来看，男鞋网店会较多地使用灰色、蓝色或白色等色调，让整个店铺看起来更稳重、优雅，如图 8-16 所示。

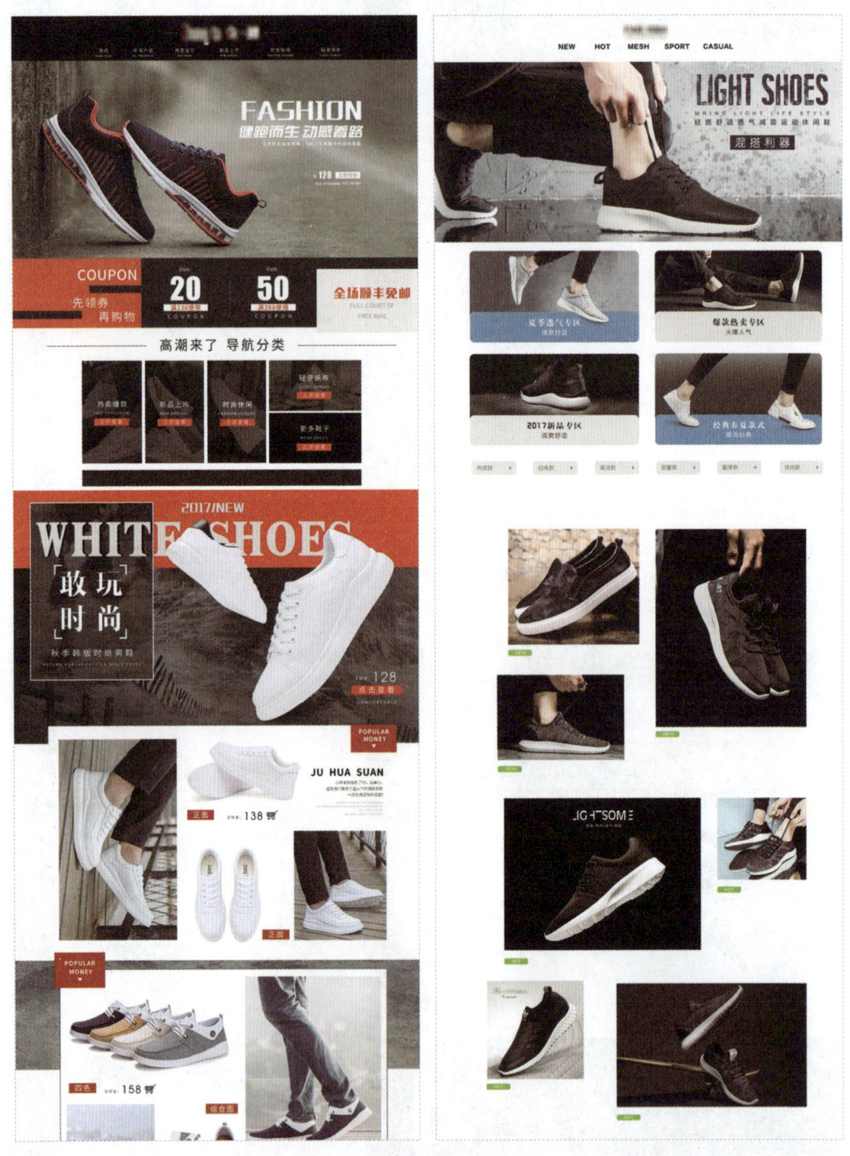

图 8-16

8.4.2 专业的详情页展示

鞋靴网店的详情页可以通过对选材、鞋头、鞋跟或鞋底等细节的展示和描述，来体现鞋子的品质和该品牌在制鞋工艺上的专业态度，如图 8-17 所示。

图 8-17

8.4.3 统一化的产品陈列

鞋靴网店的产品陈列区可以通过只展示单只鞋子的侧面的方式，让产品陈列区看起来整齐统一，如图 8-18 所示。

图 8-18

8.4.4　色彩鲜艳的宽屏海报

鞋靴网店的宽屏海报可以用较亮色的色彩，使海报看起来灵动又有活力，如图 8-19 所示。

图 8-19

New in Spring
春季焕新
SHIGLR 2018 SS FASHIONABLE
EXPLORE ›
客服
HAPPY NEW YEAR
2018
Hot Sale
『脱单有神攻』
拒做单身狗
客服
全店第二双减100
·部分鞋款不参与活动·

图 8-19（续）

CHAPTER 09 网店手机端：你的另一个店铺

2017年，天猫双十一的交易总额为1682亿元，而90%的交易额来自于移动端，由此可见网店手机端的重要性。手机端因为可以利用零碎的时间购物，因此下单的转化率也较高。随着网店越来越多，要想让自己的手机网店能脱颖而出，就要打造好手机网店的眼球效应。

9.1 网店手机端构架的探索之路

目前，手机已成为人们随身必带的重要物件，使用手机，用户能随时随地实现上网、阅读和消费，而网店手机端则是买家通过移动互联网进行购物的平台。与电脑端一样，手机网店之间的竞争也是很激烈的，因此对手机网店进行视觉营销是必须且必要的。而在对网店手机端进行视觉营销前，我们需要对手机端网店有一个比较清晰的认识。

9.1.1 了解你的手机店铺

通过手机淘宝进入网店手机端后，可以发现其界面与电脑端是有区别的，如图 9-1 所示为两家网店的手机端店铺首页。

图 9-1

除了首页外，手机网店的详情页与电脑端详情页也有所不同，如图 9-2 所示为某网店手机端详情页。

图 9-2

在淘宝“卖家中心”单击“手机淘宝店铺”超链接后，就可以进入“无线店铺”页面，接着就能进行手机网店的装修和活动推广等，如图 9-3 所示。

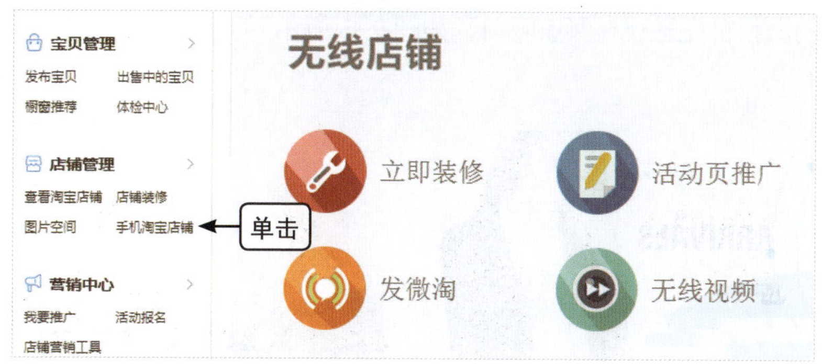

图 9-3

手机网店的首页是由各个模块构成的，其中店招模块、全部宝贝和自定义菜单模块是不能删除和移动的，而智能海报、猜你喜欢、宝贝排行榜以及活动组件模块等都是可以删除和移动的。在“手机淘宝店铺首页”装修后台可以对手机网店首页的模块进行管理，如图 9-4 所示。

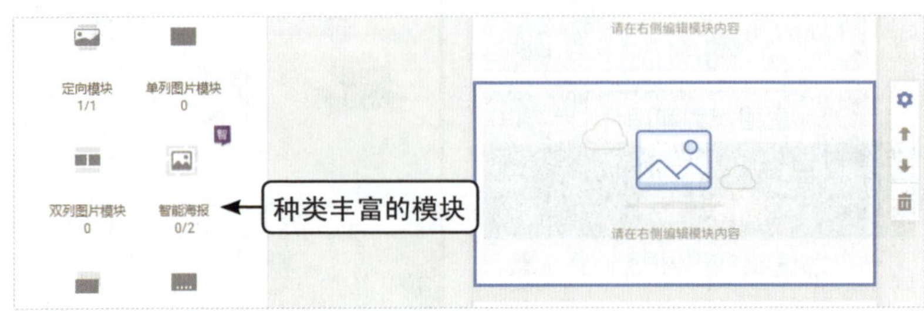

图 9-4

9.1.2 手机网店首页的排列方式

手机网店首页的排列方式也可以有很多变化，下面来看看视觉效果较好的排列方式。

◆ 第一模块选轮播模块

在手机网店导航栏的下方最好选择轮播模块，它可以作为手机网店的海报首先呈现在买家眼前，如图 9-5 所示。

图 9-5

◆ 轮播模块下方选优惠券、分类等模块

在轮播模块的下方，可以选择优惠券模块，将优惠券放在轮播图的下方，能有效促进买家的购买欲望，如图 9-6 所示。

图 9-6

除优惠券模块外，轮播模块的下方还可以放置分类模块，如图 9-7 所示。

图 9-7

◆ 分类模块下方选择宝贝类模块

在分类模块的下方可以选择宝贝类模块，如宝贝排行榜、宝贝推荐和猜你喜欢等。宝贝类模块可以双列、单列、多列或不规则排列，如图 9-8 所示。

图 9-8

9.1.3 你要了解的手机详情页规范

手机网店的宝贝详情页要在宝贝发布页面中进行管理。需要注意，电脑端和手机端对详情页的要求是不同的，对于手机详情页具体有如表 9-1 所示的规范要求。

表 9-1 手机详情页规范要求

要求	具体内容
基本要求	总体大小：图片 + 文字 + 音频应小于或等于 1.5M，图片仅支持 JPG、GIF 和 PNG 格式
图片大小要求	1. 宽度 480 ~ 620 像素； 2. 高度小于或等于 960 像素； 3. 格式为：JPG、GIF、PNG
文字要求	1. 当需要在图片上添加文字时，中文字体宜大于或等于 30 号字，英文和阿拉伯数字宜大于或等于 20 号字； 2. 当需要添加的文字太多时，建议使用纯文本的方式编辑，这样看起来更清晰
音频要求	1. 每个手机详情页只能增加一个音频，时长建议不超过 30 秒，大小不超过 200K，格式支持 MP3； 2. 音频内容可以围绕产品卖点、品牌故事、产品特色和产品优惠等展开

如果要查看已发布的手机详情页效果，可以进入“出售中的宝贝”页面，将鼠标光标移动到单个商品下的“码”字标签上，当出现二维码后，使用手机淘宝客户端扫描二维码即可查看手机详情页效果，如图 9-9 所示。

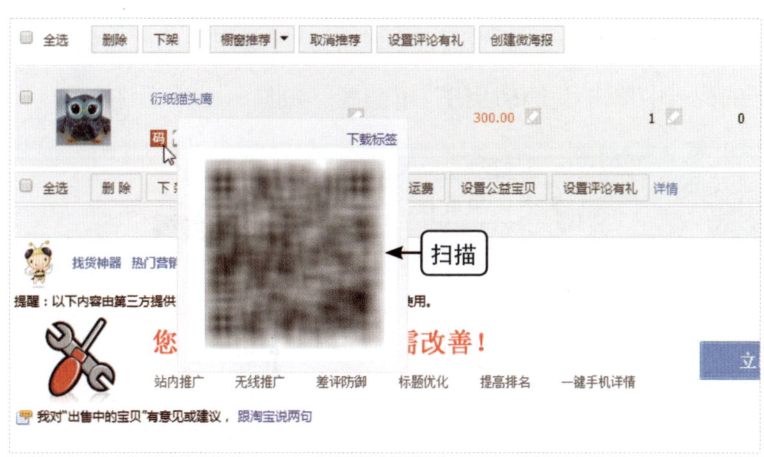

图 9-9

9.2 网店手机端制作步骤详解

相较于电脑端网店，手机端网店的装修要简单些，所需要的图片也没有电脑端那么多，下面就来看看如何对手机网店进行制作。

9.2.1 小首页，大流量

手机网店对许多淘宝卖家来说是重要的流量入口，对有的网店来说甚至是最主要的流量入口。对手机网店进行设计和制作，可以在“手机淘宝店铺首页”的装修后台进行。

从网页端进入“卖家中心”，单击页面左侧的“店铺装修”超链接进入店铺装修页面，在打开的页面中将鼠标光标移动到“手机淘宝店铺首页线上首页”选项上，单击“装修页面”按钮进入“手机淘宝店铺首页”装修后台，首先需要对店招进行制作。单击店招模块，在打开的列表中单击“上传店招”超链接，如图 9-10 所示。

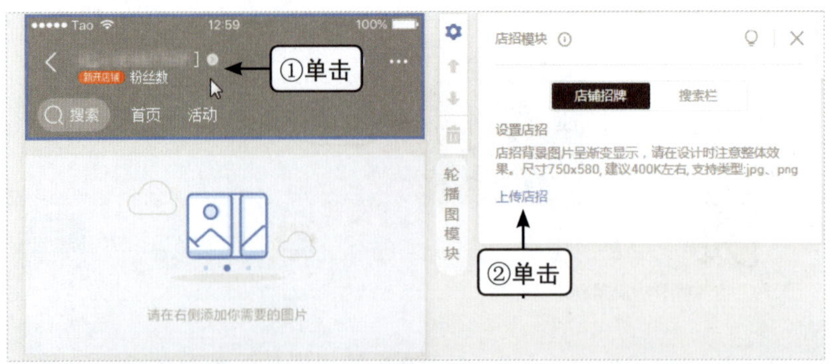

图 9-10

完成店招的制作后，在页面左侧选择“轮播图模块”，将其拖动到店招下方，如图 9–11 所示。

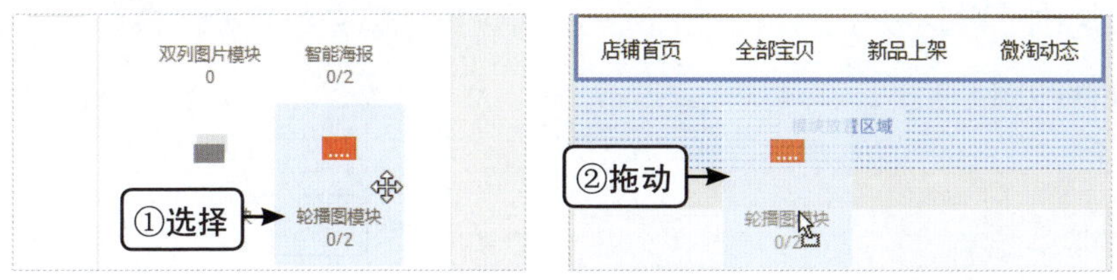

图 9–11

在打开的“轮播图模块”列表中可以选择本地上传或在线制作，这里单击“本地上传”按钮，程序会打开一个对话框，选中“我已同意《图片空间新使用协议》”复选框，单击“确定”按钮，在打开的“图片空间”中选择图片上传即可，如图 9–12 所示。

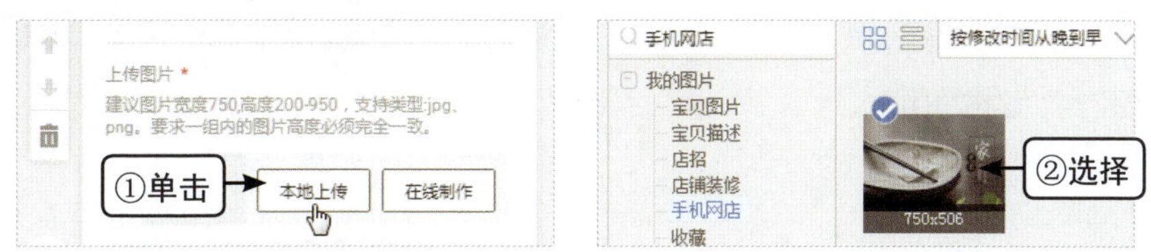

图 9–12

若单击“在线制作”按钮，可以在打开的“旺铺图片创意工厂”页面中进行制作，如图 9–13 所示。

图 9–13

轮播图制作完成后，可在其下方添加“优惠券模块”。在“优惠券模块”列表中可选择自动添加优惠券或手动添加优惠券，若选中“手动添加”单选按钮，在打开的列表中可设置优惠券数量和优惠券样式，如图 9-14 所示。

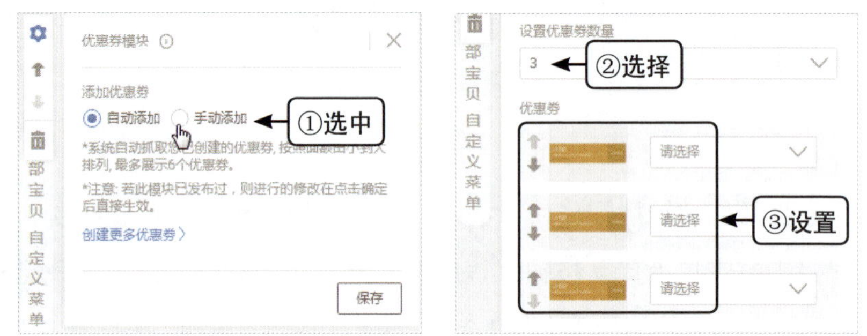

图 9-14

按照同样的方法添加其他需要的模块，并进行模块的编辑，最后保存并发布即可。

9.2.2 用自定义模块设计“分类标签”

在“手机淘宝店铺首页”装修后台，有一模块为“自定义模块”，该模块支持将设计师制作的图片，以每一个链接区域为范围进行方形剪切后上传，适合对装修有极高美观要求、样式需自行设计和富有创意的情况下使用。

通过使用“自定义模块”我们可以制作出符合自己店铺风格的创意海报、优惠券以及分类标签等，下面以制作分类标签为例，来看看如何使用“自定义模块”。

在“手机淘宝店铺首页”装修后台添加“自定义模块”，在“自定义模块”列表中单击“编辑板式”超链接。在打开的页面中编辑拼图版式，如图 9-15 所示。

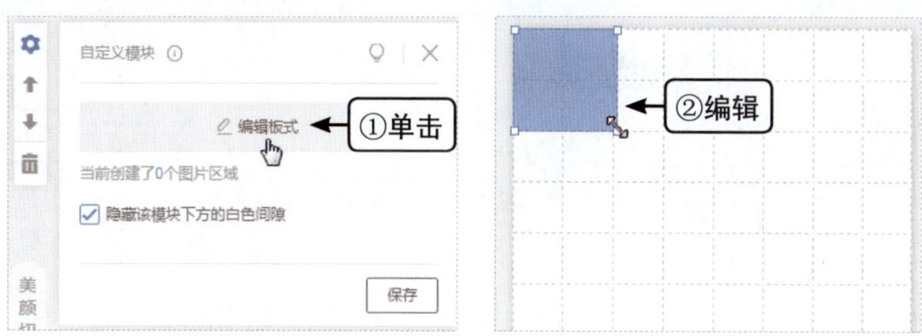

图 9-15

单击“图片”按钮，在打开的“图片空间”页面中选择图片，如图 9-16 所示。

图 9-16

在打开的页面中单击“保存”按钮，在返回的页面中单击“复制”按钮，如图 9-17 所示。

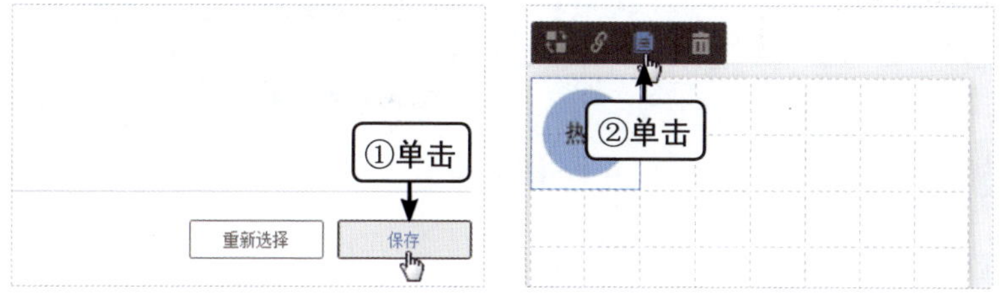

图 9-17

复制后重新上传图片，按照同样的方法添加另外两个分类标签，在“链接”文本框中输入店铺链接，再单击“完成”按钮，如图 9-18

所示。

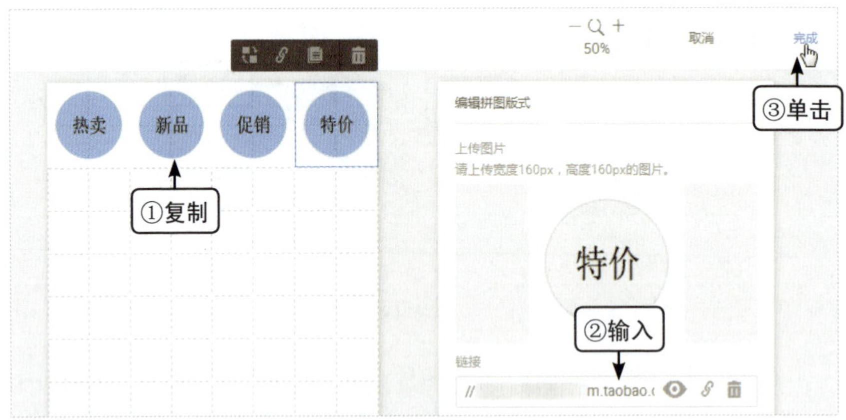

图 9-18

制作完成后可以在装修后台查看效果，如图 9-19 所示为用“自定义模块”设计的不同风格的分类标签。

图 9-19

9.2.3 3 种方式制作手机详情页

为了保证移动端流量比较大的产品能有很好的转化率，我们需要对手机网店的详情页进行设置，那么制作手机详情页需要注意什么呢？

在制作手机详情页时，首先要保证使用的图片、文字和音频符合手机详情页规范要求，这是保证手机详情页有良好用户体验的基础。我们知道，手机只有那么大，手机详情页会受手机屏幕的限制。因此在手机详情页展示的内容一定要是对卖点的提炼，并且图片一定要是大图。如图 9-20 所示为某网店手机详情页的部分内容，可以看出该页面展示的图片都比较大，保证了产品能清晰地呈现在卖家眼前。

图 9-20

另外，手机详情页中的字体要保证显眼，切忌图片加载过多文字。除此之外，手机详情页的页面不宜过长，因为买家并没有耐心看完页面过长的手机详情页。

手机详情页的制作并不难，进入“宝贝发布”页面后，可以选择 3 种方式制作手机详情页，一种是导入电脑端描述；一种是使用文本编辑；另一种是使用神笔模板编辑。

导入电脑端描述是最为简单的一种，只需单击“导入电脑端描述”

按钮就可以快速完成手机详情页的制作，只不过在导入后需要查看是否有需要调整和修改的地方。

使用文本编辑手机详情页，需单击“添加”按钮，再单击要添加的模块类型，如单击“图片”按钮，如图 9–21 所示。

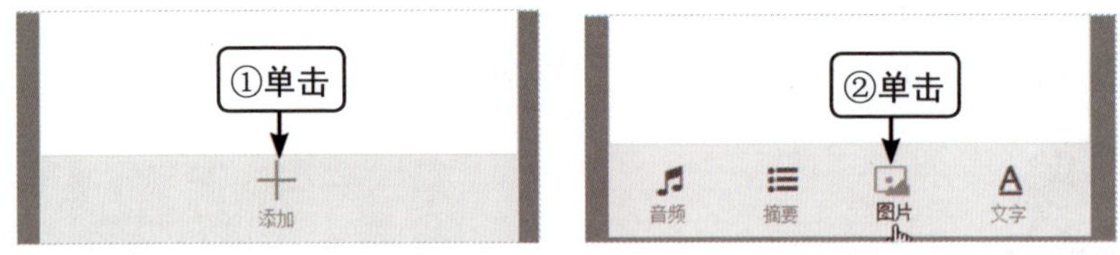

图 9–21

接下来在打开的“图片空间”中选择图片上传即可。若单击的是“文字”按钮，可直接在打开的文本框中输入文字，再单击“确认”按钮即可，如图 9–22 所示。

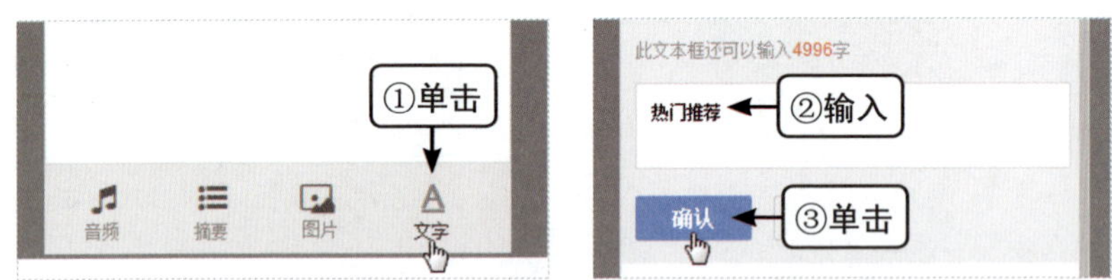

图 9–22

使用神笔模板编辑可以更为个性化地编辑手机详情页，在宝贝发布页面选中“使用旺铺详情编辑器”按钮，再单击“立即编辑”按钮，即可进入神笔自定义编辑页面，如图 9–23 所示。

图 9–23

9.3

网店手机端的设计捷径

对网店手机端进行设置还有许多“捷径”可供我们选择，这些“捷径”可以帮助我们更快速地完成手机网店的视觉营销。

9.3.1 使用模板快速装修手机网店

在淘宝装修市场，我们可以看到种类丰富且精美的手机网店模板，通过使用这些模板可以帮助我们快速打造一个吸引眼球的手机网店首页，下面来看看如何试用模板。

进入淘宝装修市场（https://zx.taobao.com/），单击“无线店铺模板”超链接，在打开的页面中可根据行业、风格和色系等筛选模板，如根据行业分类筛选，如图 9-24 所示。

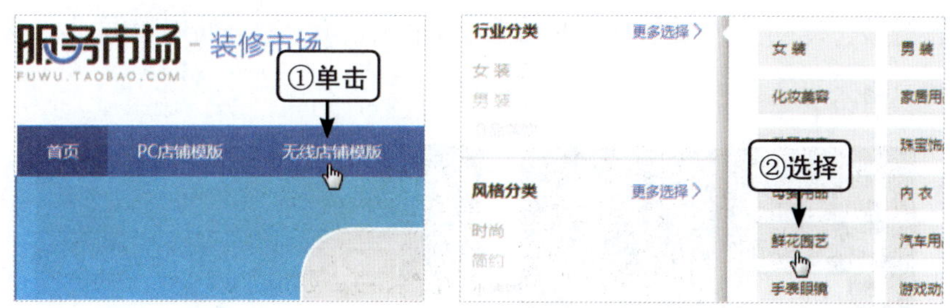

图 9-24

在打开的页面中选择符合网店风格的模板，再单击“马上试用”按钮即可试用模板，如图 9-25 所示。

图 9-25

购买模板后，可以在“手机淘宝店铺首页”装修后台单击“模板”选项卡，选择模板后单击“使用模板”按钮一键套用模板。

9.3.2 用神笔模板打造手机详情页

不仅是手机网店首页可以使用模板套用，手机详情页也可以使用模板套用，只不过手机详情页使用的是神笔模板。

进入淘宝神笔（https://xiangqing.taobao.com/）首页，单击“手机端”超链接，即可进入手机端详情模板页面。在打开的页面中可通过行业和风格来筛选模板，如图 9-26 所示。

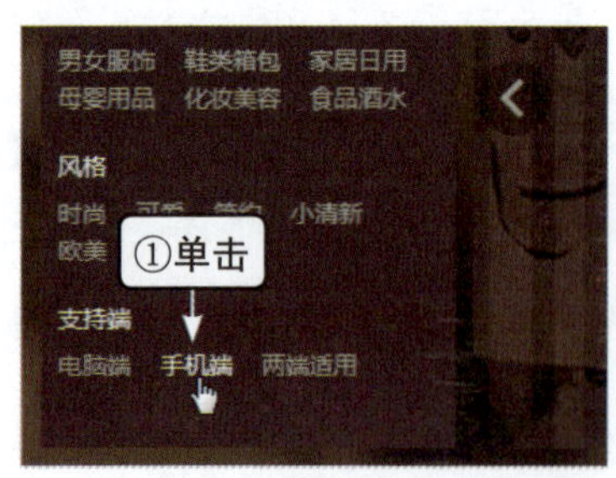

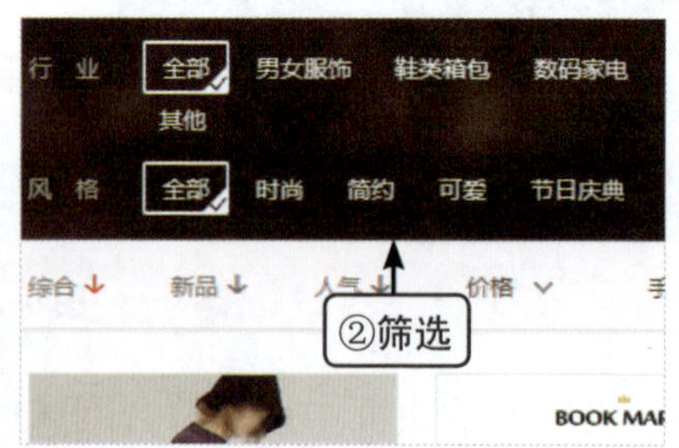

图 9-26

单击图片选择适合自己网店的详情模板后，同样可以单击“立即试用”按钮试用模板，如图 9-27 所示。

图 9-27

在淘宝神笔首页的“操作中心”下拉列表中选择“模板管理”选项，可对手机详情模板进行管理，如图 9-28 所示。

图 9-28

对于已订购的神笔模板，可以在神笔自定义编辑页面直接导入，即在“导入详情”下拉列表中选择“导入模板”选项，选择相应的模板并单击图片，如图 9-29 所示。

图 9-29

导入模板后，可对模板进行编辑，将不符合网店的图片和文字进行更换，如图 9-30 所示。

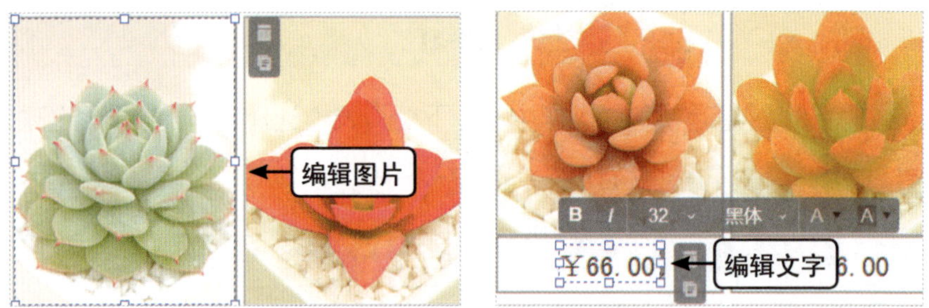

图 9-30

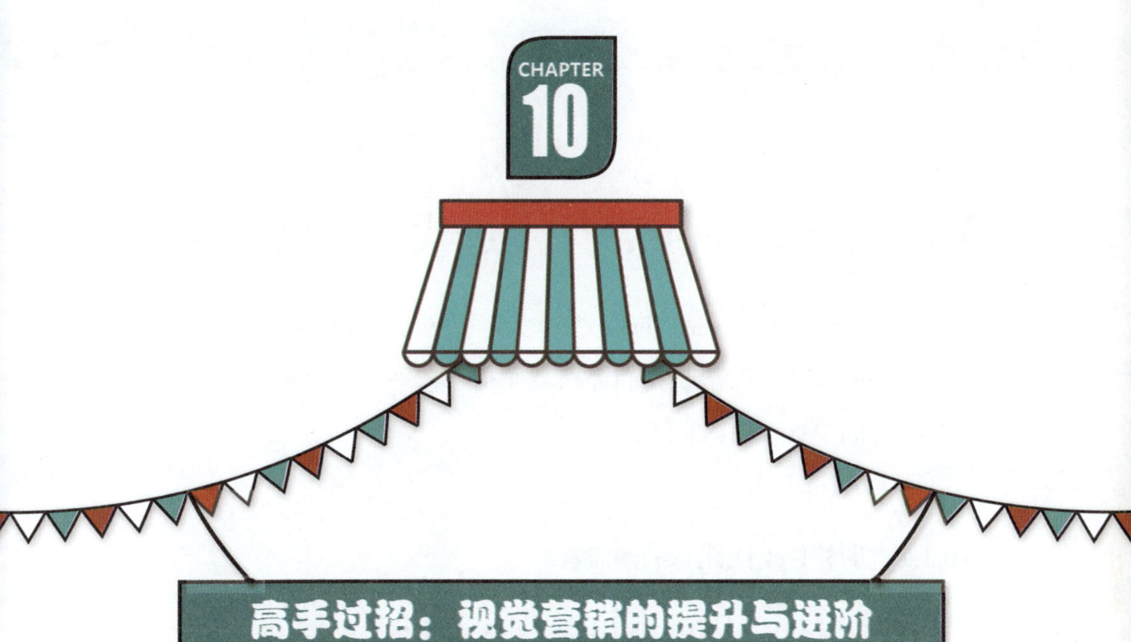

CHAPTER 10 高手过招：视觉营销的提升与进阶

在电商行业，视觉营销集用户体验、交互设计以及信息构架于一身，它贯穿于网店经营的整个过程中。在这一过程中，我们需要不断提升自身的视觉营销综合技能，这样才能牢牢抓住买家心弦，不断提高网店转化率。

10.1
Dreamweaver 带你走进代码新世界

Adobe Dreamweaver，简称“DW”，是网页设计和制作工具，利用 Dreamweaver 可以帮助我们轻松制作出跨越平台限制和跨越浏览器限制的充满美感和动感的网店页面。

10.1.1 切片生成代码操作讲解

在网店装修的过程中，切片的使用是必不可少的，对图片进行切片并生成代码，再利用代码装修网店，能够优化网店页面的加载速度，同时，还能制作出有个性的、精美的宝贝陈列、分类标签以及客服中心等。下面以制作优惠券为例，来看看如何切片并生成代码装修网店。

在 Photoshop 中打开图片，选择“切片工具”命令，选择需要切片的区域进行切片，如图 10-1 所示。

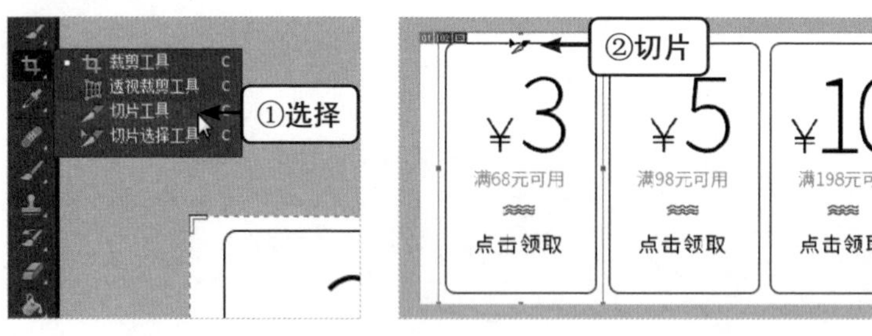

图 10-1

完成图片的切片操作后，在“文件”下拉列表中选择“存储为 Web

所用格式”命令，如图 10-2 所示。

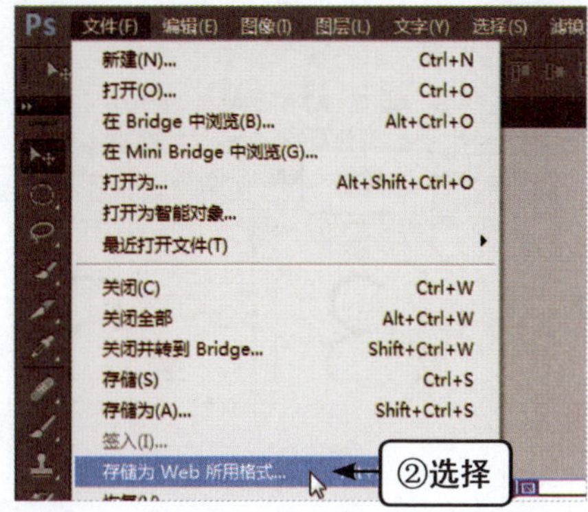

图 10-2

在打开的对话框中选择优化的文件格式，这里选择“JPEG”选项，再单击“存储”按钮，如图 10-3 所示。

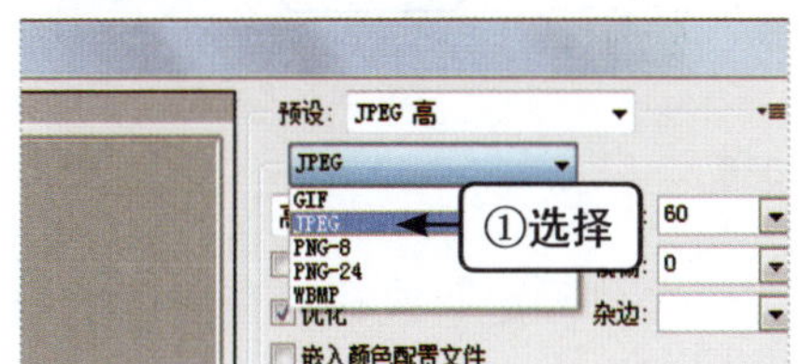

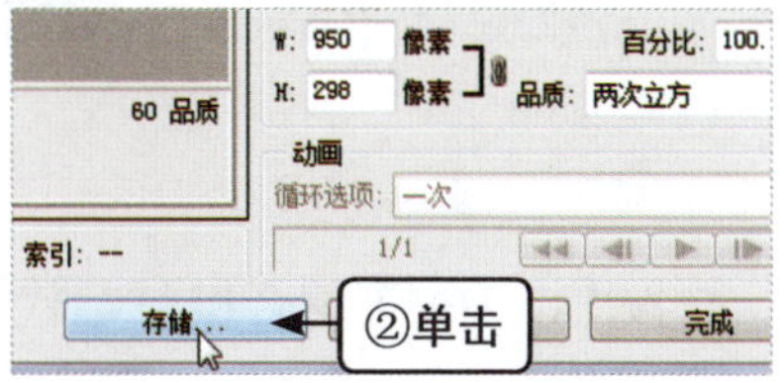

图 10-3

在打开的对话框中的“格式”下拉列表中选择“HTML 和图像”选项，再单击“保存”按钮。这时可以看到存储了两个文件，一个是 images 文件夹，另一个是以 html 为后缀名的文件，如图 10-4 所示。

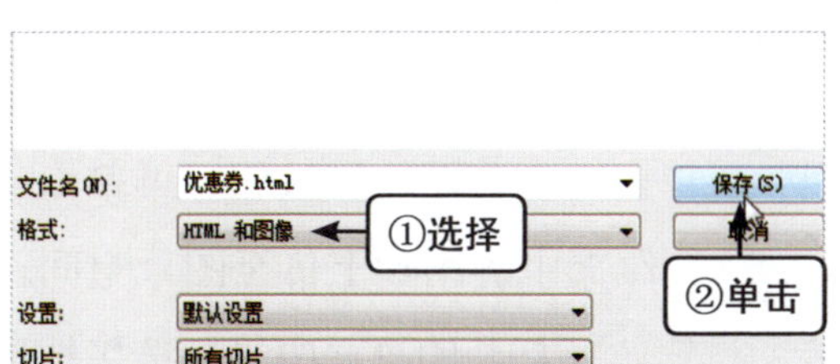

图 10-4

在 Dreamweaver 中打开 html 文件，单击“代码”按钮。按【Ctrl+A】组合键全选代码，再按【Ctrl+C】组合键复制代码，如图 10–5 所示。

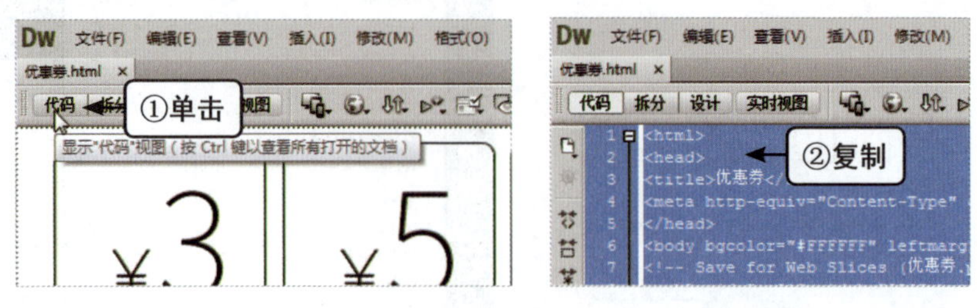

图 10–5

打开电脑端店铺装修后台，添加“自定义区”模块，单击“编辑”按钮。在打开的页面中选中“编辑源代码”复选框，如图 10–6 所示。

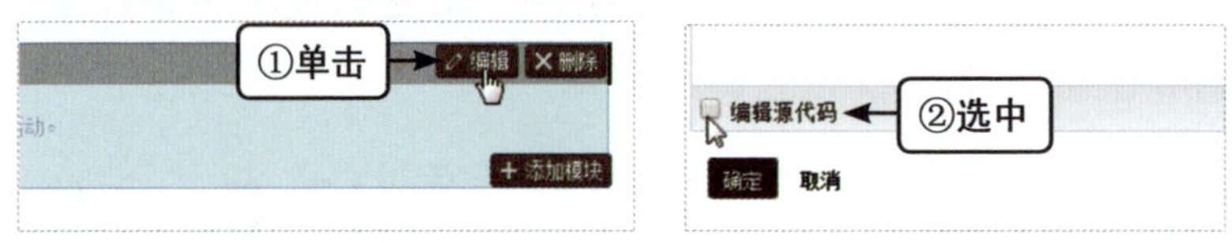

图 10–6

按【Ctrl+V】组合键粘贴代码，单击“确定”按钮。在返回的页面中单击“自定义区”模块的“编辑”按钮，如图 10–7 所示。

图 10–7

打开淘宝“图片空间”，单击“上传图片”按钮，再单击“点击上传”按钮，将“images”文件夹中的图片上传至图片空间。选择图片，单击“复制链接”按钮。在打开的页面中复制链接地址，如图 10–8 所示。

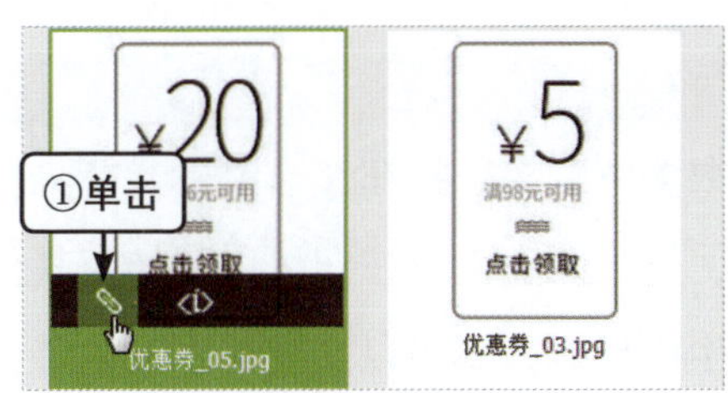

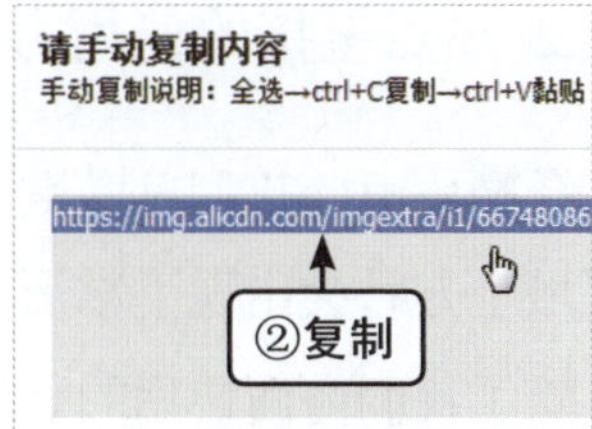

图 10-8

返回装修后台，选择对应的切片区域，单击“编辑”超链接，在“图片地址”文本框中粘贴复制的地址。复制优惠券领取地址，将其粘贴到“链接网址”文本框中，再单击“确定”按钮，如图 10-9 所示。

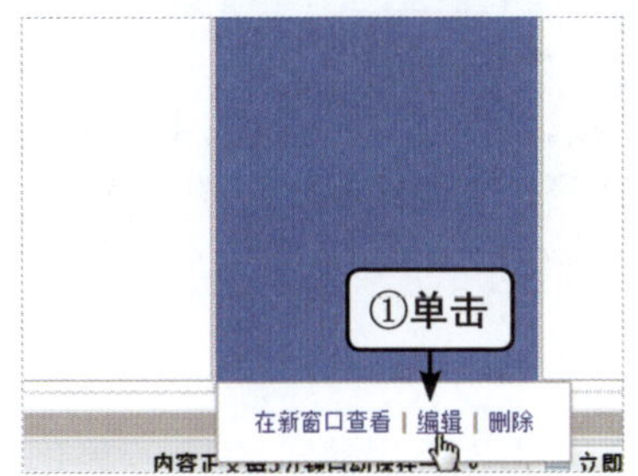

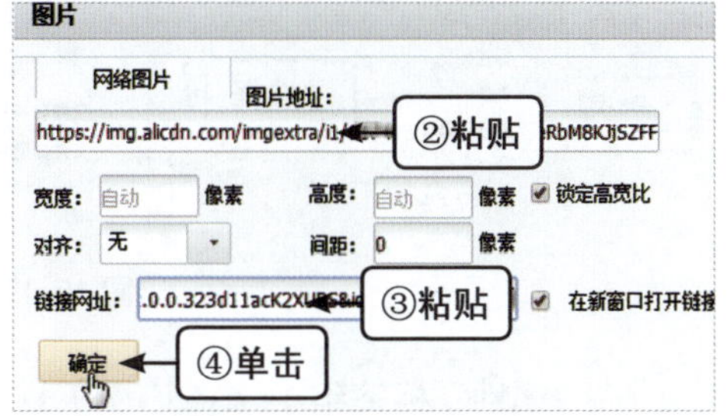

图 10-9

依次添加其他切片区域的图片地址和链接网址，最后可在装修后台查看“自定义区”模块的优惠券制作效果，如图 10-10 所示。

图 10-10

10.1.2 热点链接的使用方法

在网店中，我们可以看到很多“购买”按钮，当鼠标光标悬停到该区域上方时会出现手掌形状，这表明单击该按钮可以跳转至其他页面。除了我们前面使用的切片生成代码方式可以实现这种效果外，只使用 Dreamweaver 软件，也可以实现这种效果，这种方法就是建立热点链接，下面来看看具体操作方式。

打开 Dreamweaver，新建网页。在“插入”下拉列表中选择“图像”命令，在电脑中选择图像文件，单击“确定”按钮，如图 10-11 所示。

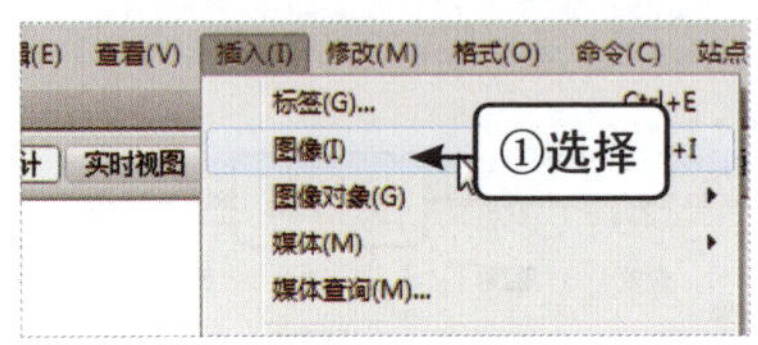

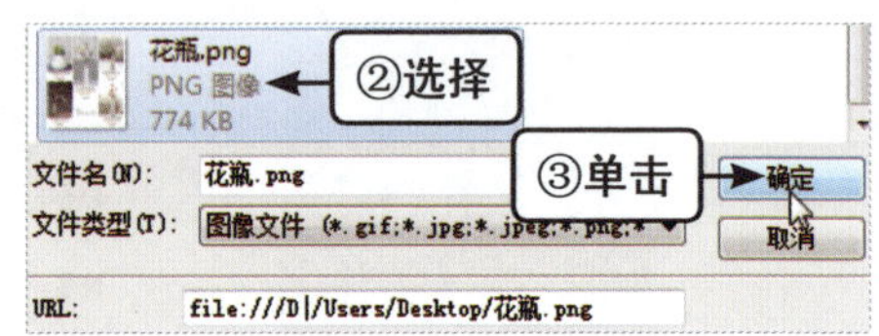

图 10-11

在“属性”标签组中选择热点工具，如单击“矩形热点工具”按钮，框出要建立热点的区域，如图 10-12 所示。

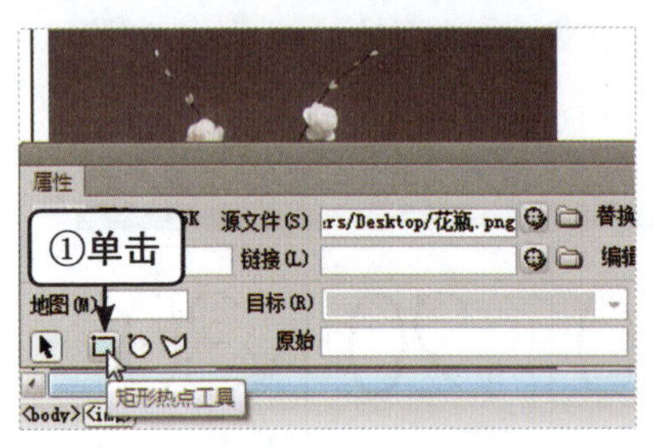

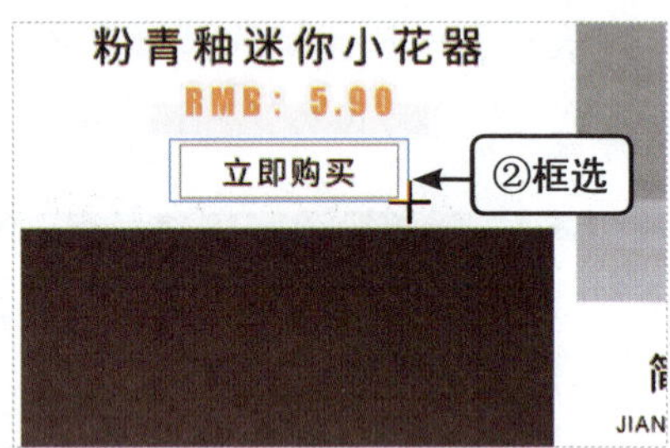

图 10-12

在“链接”文本框中输入链接地址。使用同样的方法建立其他热点链接，完成后单击“代码”按钮，如图 10-13 所示。

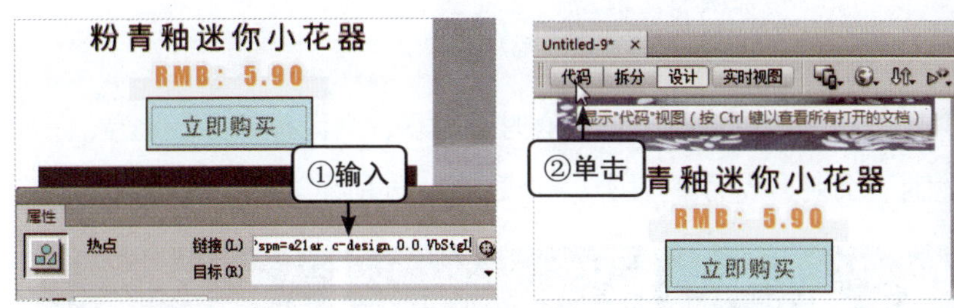

图 10-13

复制代码后，进入电脑端装修后台，新建“自定义区”模块。按照前面的方法粘贴代码并输入图片地址，发布站点后，进入网店首页。当我们将鼠标悬停在“立即购买”按钮上时会出现手掌形状，单击该按钮可以进入对应的页面，如图 10-14 所示。

图 10-14

10.1.3 动态效果图片变换的制作

浏览他人的网店时，我们有时会发现，当鼠标光标经过当前一张图片时，会变换成另一张图片，如图 10-15 所示。

图 10-15

那么这种动态效果是如何实现的呢？实际上，利用 Dreamweaver 我们也可以轻松实现图片变换的效果，来看看具体的操作步骤。

打开 Dreamweaver，新建网页，在“插入”下拉列表中选择“表格”命令。在打开的“表格”对话框中设置表格的行、列、表格宽度和边框粗细，单击“确定”按钮，如图 10-16 所示。

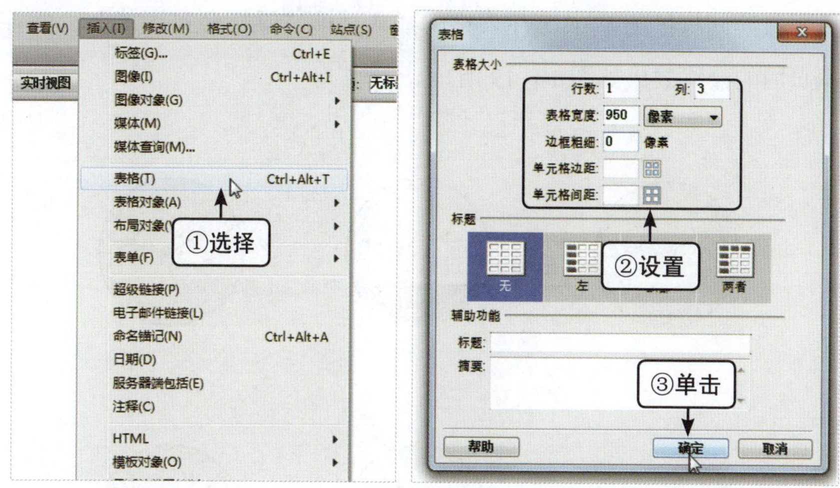

图 10-16

将鼠标光标定位到表格中，在“插入”下拉列表中选择“图像对象 / 鼠标经过图像”命令。在打开的“插入经过图像”对话框中单击“浏览”按钮，如图 10-17 所示。

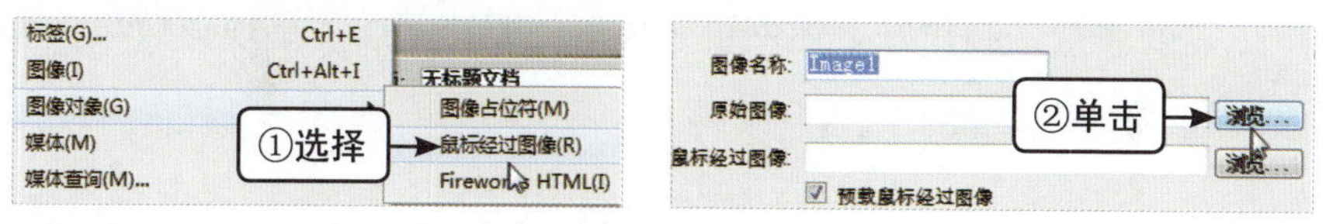

图 10-17

在电脑中选择图像，再单击“确定”按钮，按照同样的方法插入鼠标经过的图像，在“按下时，前往的 URL”文本框中输入链接地址，再单击“确定”按钮，如 10-18 所示。

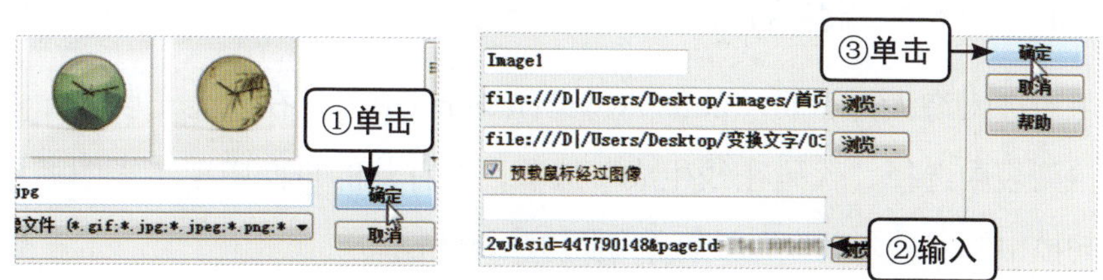

图 10-18

按照同样的方法依次在表格中插入其他“鼠标经过图像”，保存网页后的最终效果如图 10-19 所示。

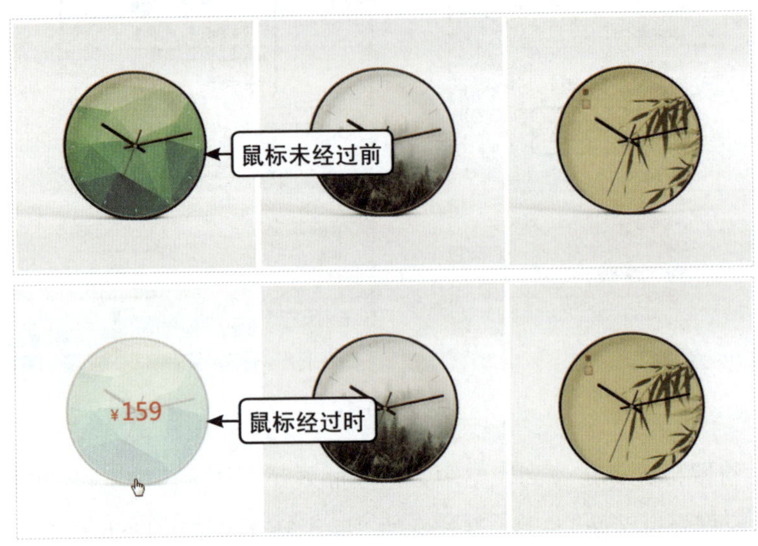

图 10-19

需要注意，制作好上述网页效果后，要让网店能呈现该效果，需要开通“CSS”功能。

10.1.4 水平滚动图片效果的制作

为了让网店能更好地展示产品，有时我们会利用无限滚动效果来呈现产品，使网店能动静结合，那么网店中的图片滚动效果是如何制作的呢？下面一起来看看。

进入淘大师首页（http://www.taodashi.cn/），在“美工装修”下拉列表中选择“代码在线生成”选项，在打开的页面中单击多图循环轮播中的“进入制作”按钮，如图 10-20 所示。

常用软件
美工装修
营销活动
代码在线生成
①单击
播代码免费在线生成工具
天猫/淘宝多图循环海报制作
轻松添加一键生成。
②单击
进入制作

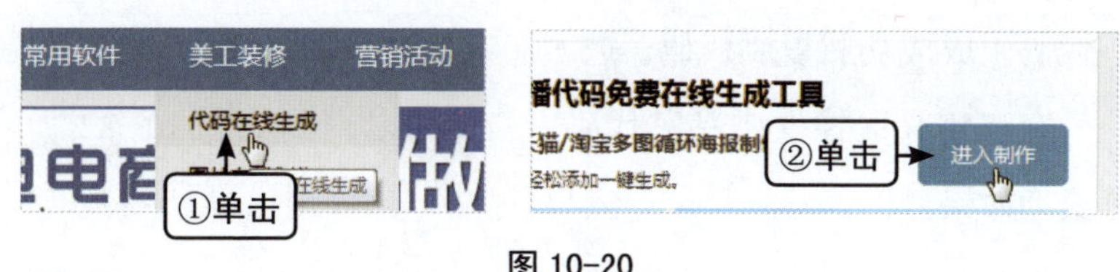

图 10-20

在打开的页面中选择店铺类型，输入图片地址、链接地址，设置动画效果，再单击“生成代码”按钮，如图 10-21 所示。

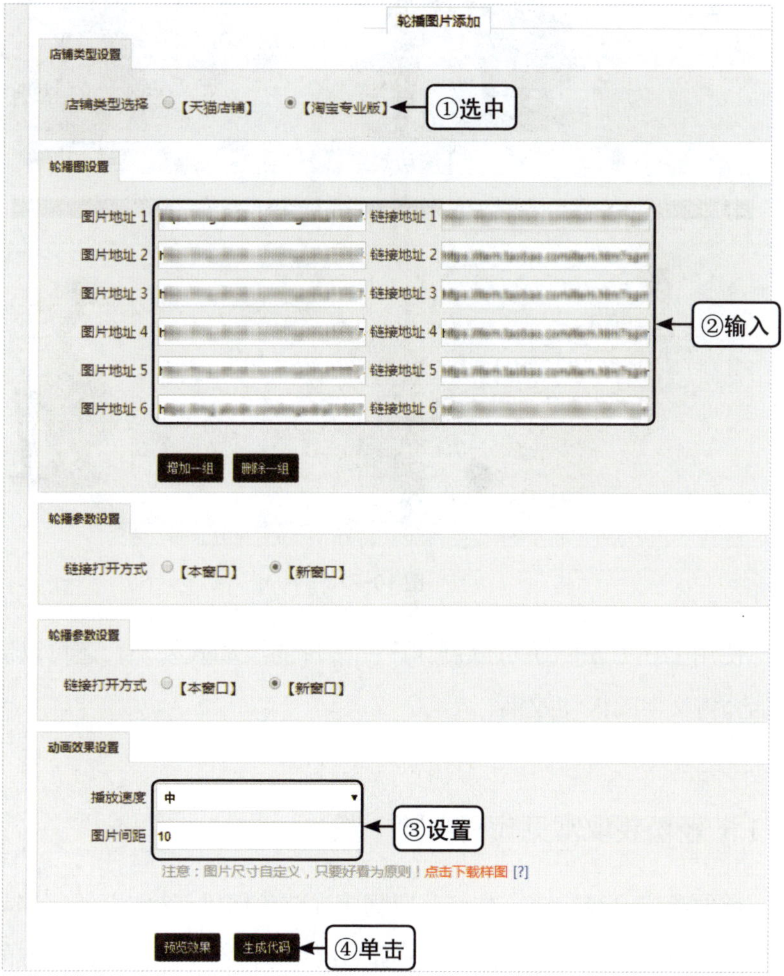

轮播图片添加
店铺类型设置
店铺类型选择
【天猫店铺】
【淘宝专业版】
①选中
轮播图设置
图片地址 1
链接地址 1
图片地址 2
链接地址 2
图片地址 3
链接地址 3
图片地址 4
链接地址 4
图片地址 5
链接地址 5
图片地址 6
链接地址 6
②输入
增加一组
删除一组
轮播参数设置
链接打开方式
【本窗口】
【新窗口】
轮播参数设置
链接打开方式
【本窗口】
【新窗口】
动画效果设置
播放速度
中
图片间距
10
③设置
注意：图片尺寸自定义，只要好看为原则！点击下载样图 [?]
预览效果
生成代码
④单击

图 10-21

代码生成成功后复制代码，进入淘宝装修后台，新建“自定义区”模块。在自定义区模块中粘贴代码，最终可以得到如图 10-22 所示的连续滚动效果。

图 10-22

使用上述方法除了可以制作产品图片的滚动效果外，还可以制作网店公告文字的滚动效果。

10.1.5 轻松获取常见代码步骤一览

前面我们已经知道了如何获取网店导航条代码，除此之外，分隔条、分类模块以及优惠券代码等都是可以在线获取的，使用在线获取的代码装修网店，可以大大节省网店的装修时间。

能够在线生成网店装修代码的网站有很多，这里以码工在线（http://www.001daima.com/）为例。码工在线是一站式电商装修服务平台，专注于开发简单实用的电商装修工具，致力于装修模块的不断推陈出新，进入码工在线首页后可以根据店铺类型筛选代码，这里单击“淘宝天猫”按钮，如图 10-23 所示。

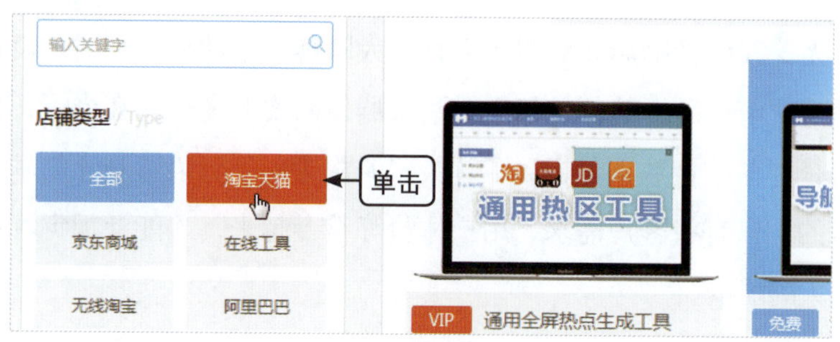

图 10-23

在打开的页面中可以查看到种类丰富的代码，单击需要生成的代码超链接即可进入代码在线生成页面，如图 10-24 所示。

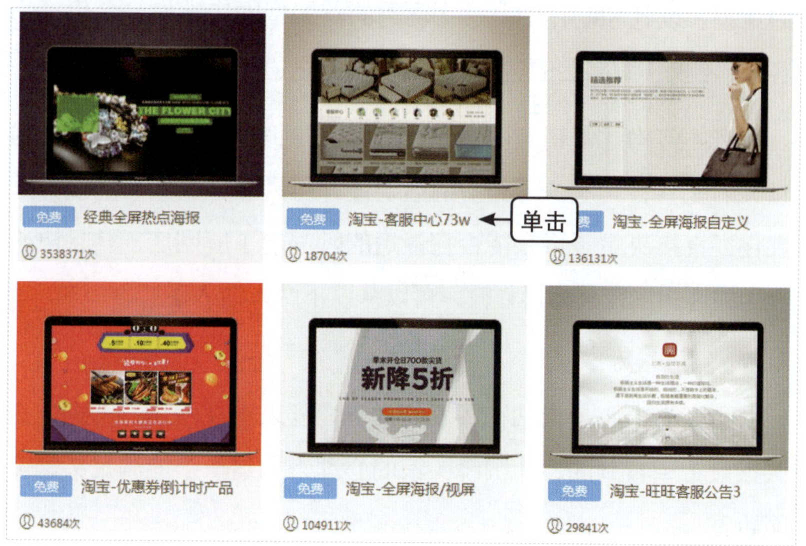

图 10-24

10.2
视觉营销涨知识

无论我们把网店设计得多么具有大牌感、个性化，亦或是设计成促销的“海洋”，其都是基于对买家群体需要的考虑。在当下，视觉营销是要在结合数据分析，了解买家的购买心理、消费观念的基础上进行的，只有将客户需求、用户体验等整合起来，才能让视觉营销发挥强大的能量。

10.2.1 打造营销型网店的秘诀

所谓“营销型网店”，就是将营销的思想、方法和技巧融入到网店的策划、设计和制作中。一个优秀的营销型网店就像一名优秀的网店客服，不仅了解自己的客户，还善于说服之道，能抓住买家的注意力。

那么如何构建营销型网店呢？首先，营销型网店要省略花哨的、无意义的元素；其次，营销型网店要设计得人性化。网店的设计是否人性化，直接决定了买家能否在最短的时间内了解网店，并且快速成为网店的客户。在具体操作时，可以从以下两方面入手。

◆ 以买家为中心

以买家为中心是指站在买家的视觉角度来审视网店，考虑什么才是买家最希望看到的，即围绕买家的心理来构建一个能满足买家需求的网店。

◆ 提升用户体验

用户体验是营销型网店不得不考虑的问题，它是无法量化的，是买家对网店的一种感受。我们可以从网店的易用性、沟通性和可信度这 3 方面来提升用户体验度，具体来看，可以从以下几方面来进行用户体验度的测试。

①买家能否在几秒钟内知道网店是做什么的。

②初次进入网店后，买家是否可以很快进入自己想要阅读的页面。

③通过文字内容，买家是否能清楚网店要表达的主题。

④买家能否在短时间内信任网店。

⑤进入网店后，页面加载的时长，加载时间过长会影响用户体验。

10.2.2 测评视觉营销的效果

在网店运营的过程中，我们可以通过分析店铺的数据信息来找到网店视觉营销的问题所在，网店的数据信息可以在生意参谋中获得。

进入卖家中心后，单击“生意参谋”超链接即可进入生意参谋页面，在该页面中，可以查看到网店的访客数、支付买家数、浏览量以及店铺流量来源等数据信息。要正确分析这些数据信息所隐藏的关键信息，首先需要了解这些数据的含义，具体如表 10-1 所示。

表 10-1 生意参谋部分数据信息的含义

数据信息	含义
新访客数	通过对应渠道进入店铺访问的访客数中，前 6 天内没有来访过店铺的去重人数
下单转化率	统计时间内，下单买家数 / 访客数，即来访客户转化为下单买家的比例

续表

数据信息	含义
收藏人数	通过对应渠道进入店铺访问的访客数中，后续有商品收藏行为的人数。对于有多个来源渠道的访客，收藏人数统计会体现在多个来源中。收藏人数不等同于收藏商品和收藏人气等其他指标，是以路过原则计算加入购物车的间接转化指标。可用于评估来源渠道引入访客质量
访客数	通过对应渠道进入店铺页面或商品详情页访问的去重人数，一个人在统计时间内访问多次只记为一个。同一个访客，通过多种渠道进入店铺，则计入多个来源渠道，所有终端访客数为电脑端访客数和无线端访客去重数
加入购物车人数	通过对应渠道进入店铺访问的访客数中，后续有商品加入购物车行为的人数。对于有多个来源渠道的访客，加入购物车人数统计会体现在多个来源中，是以路过原则计算其加入购物车的间接转化指标，可用于评估来源渠道引入访客质量
下单金额	归属到对应渠道的下单买家，店内商品被买家拍下的累计金额。对于有多个来源渠道的访客，下单金额统计会体现在多个来源中，是以路过原则计算其下单金额。可用于评估来源渠道引入访客质量
下单买家数	通过对应渠道进入店铺访问的访客数中，后续下单的人数。对于有多个来源渠道的访客，下单买家数统计会体现在多个来源中，是以路过原则计算其下单的转化指标。可用于评估来源渠道引入访客质量。统计时间内，拍下宝贝的去重买家人数，一个人拍下多件或多笔，只算一个人。所有终端下单买家数为 PC 端和无线端下单买家去重人数，即同一个人既在 PC 端下单，又在无线端下单，所有终端下单买家数记为 1
跳失率	统计时间内，访客中没有发生点击行为的人数 / 访客数，即 1−点击人数 / 访客数。该值越低表示流量的质量越好。多天的跳失率为各天跳失率的日均值
支付买家数	通过对应渠道进入店铺访问的访客数中，后续支付的人数。对于有多个来源渠道的访客，支付买家数统计会体现在多个来源中，是以路过原则计算其支付的转化指标。可用于评估来源渠道引入访客质量
支付转化率	统计时间内，支付买家数 / 访客数，即来访客户转化为支付买家的比例

续表

数据信息	含义
支付金额	归属到对应渠道的支付买家所对应的支付金额。对于有多个来源渠道的访客，支付金额统计会体现在多个来源中，是以路过原则计算其支付金额。可用于评估来源渠道引入访客质量。支付金额算法为：买家拍下后通过支付宝支付给卖家的金额，未剔除售中售后退款金额，预售阶段付款在付清尾款当天才计入内，货到付款订单确认收货时计入内。所有终端的支付金额为 PC 端支付金额和无线端支付金额之和。特别说明，支付渠道不论是电脑上还是手机上，拍下为电脑上，就将后续的支付金额计入 PC 端；拍下为手机或 Pad 上，就将后续的支付金额计入无线端
平均停留时长	来访店铺的所有访客总的停留时长 / 访客数，单位为秒，多天的人均停留时长为各天人均停留时长的日均值
访客－收藏转化率	统计时间内，收藏人数 / 访客数
流量入口页跳出率	所选页面的跳出浏览量 / 所选页面的浏览量，跳出浏览量是指该页面被访问后，直接离开店铺，即没有跳转到店铺的其他页面的访问次数
页面离开访客数	根据所选的页面，从这个页面离开店铺的人数去重，同一个人一个会话内通过多个页面离开店铺，仅计入该会话中最后一次离开的页面，同一个人多个会话通过多个页面离开店铺，同时计入各个离开的页面

在以上数据信息中，跳失率、下单转化率、支付转化率以及平均停留时长等都是可以反映网店视觉营销效果的重要指标。如果网店的跳失率很高，那么可能是因为网店页面没有足够的吸引力吸引买家点击；如果下单转化率很低，那么说明大多数来访买家都没有转化为客户；如果平均停留时长很短，那么可以反映出网店页面能带给买家的有用信息较少，买家来了就走了。

在生意参谋的“取数”页面中，我们可以自助选择数据指标，这可以帮助我们更好地评测网店视觉营销效果的好坏，做好店铺优化，如图 10–25 所示。

分析维度：店铺 商品

汇总周期：自然天 自然周 自然月

查询日期：2018-01-01 到 2018-01-16

选择指标：流量 交易 服务 其他 鼠标在指标名称停留3秒会出现指标注释哦！ 请输入关键字搜索指标

被浏览商品数	店铺收藏次数	店铺收藏人数	店铺首页访客数
DSR综合低评分买家数	访客数	访客数较前一天变化量	服务态度动态评分(DS
老访客数	老访客数占比	老买家数	老买家数占比
浏览量较前一天变化量	描述相符动态评分(DS	PC端被浏览商品数	PC端店铺首页访客数

取数

图 10-25

10.2.3 好品牌，要有读心的文案

文案是网店视觉营销的重要组成部分，好产品、好品牌还要搭配好的文案才能让产品出彩，与众不同，并赚足买家的眼球，如图 10-26 所示为两家网店的文案，可以看出其文案都足够走心。

图 10-26

图 10-26（续）

那么如何才能写出诱惑买家，促使买家购买产品的文案呢？以下技巧可以帮到我们。

◆ 讲故事

讲故事实际上也是一种营销方式，讲故事可以结合图片本身或产品来讲，也可以结合品牌来讲，如图 10-27 所示。

图 10-27

图 10-27（续）

◆ 善用问句

用发起提问的方式撰写文案，可以激发买家想要了解答案的欲望，但在使用问句时要注意一点，提出的问题一定要是和产品本身有关的，如图 10-28 所示。

图 10-28

◆ 使用数字

在众多汉字中，数字能一眼抓住买家的眼球，同时数字也有一定的震慑力，如图 10-29 所示。

图 10-29